# 副読本「目に見えぬ侵略」「見えない手」

SILENT INVASION

HIDDEN HAND

奥山真司［監修］
Okuyama Masashi
『月刊Hanada』編集部［著］

飛鳥新社

『目に見えぬ侵略』『見えない手』副読本　目次

## 反米意識を利用する

## グローバル化を有利にする



## 北京の思想闘争とメディア

## 大学と地域を意のままに操る

日本が知っておくべきこと

# はじめに

中国共産党が民主主義諸国を〝静かに侵略〟している——。

その手法を余すところなく暴《あば》いた『Silent Invasion（邦訳『目に見えぬ侵略』）』と『Hidden Hand（邦訳「見えない手」）』の2冊は、世界に衝撃を与えた。

本書は、膨大な情報量と緻密な論理構成で中国共産党の行っている工作の実態を暴き出したこの2冊のエッセンスを凝縮《ぎょうしゅく》し、「副読本」の形で読みやすくしたものである。

中国共産党は、中国政府が望むような発言をして、中国の利益になるよう動く「友人」たちを、各国のエリートやリーダー層の中に多数育ててきた。具体的には外国の識者や有力な（元）政治家、メディア関係者を**代弁者**にして「アメリカ一強時代は終わった」「中国の勢いは止まらない」「中国に歯向かう愚《ぐ》をやめて良好な関係を保《たも》とう」「西側は中国のやり方を見習おう」と宣伝させている。

また同党は、経済関係の悪化を脅しに使い、中国に対する批判的な意見を封殺《ふうさつ》することに成功している。外国のマスコミが北京を怖《こわ》がり批判を抑《おさ》えるよう仕向け、メディア資本を買収して支援額も増やしている。反政府活動を弾圧して治安を確保するハイテク監視システムを途上国に輸出している。さらには「共同研究」や「共同プロジェクト」の名のもとに各国の大学や研究機関に近づき、知的財産やハイテク技術を根こそぎ奪《うば》っている実態を、全篇にわたって実名で告発した。

海外で中国の影響力を強める目的は、アメリカと同盟関係を結ぶ国を離反《りはん》させ、経済力と軍事力で中国をアメリカを上回ることにある。「(目に見えぬ侵略）邦訳版のまえがき」に、「北京の世界戦略における第一の狙いは、アメリカの持つ同盟関係の解体である。その意味において、日本とオーストラリアは、インド太平洋地域における最高のターゲットとなる」とある。日米安保の日本、NATOでアメリカと同盟関係にある欧州諸国も当然、ターゲットである。

『Silent Invasion』はオーストラリアでの代弁者の活動の実例を徹底追及し、中国共産党の影響工作の全体像を体系的にとらえた、一般読者向けでは初の書籍となった。続く『Hidden Hand』では、中国語に堪能《たんのう》なドイツ人研究者マレイケ・オールバーグを共著者に迎えたことで、英・独・仏・伊・加などNATO各国でも同じような手法で中国共産党の影響力を広げていった実例が次々と暴露《ばくろ》され、**中国共産党は世界共通の戦略をとっていること**が白日の下にさらされた。

この2冊の筆者、クライブ・ハミルトンはチャールズ・スタート大学のキャンベラキャンパスで公共倫理学の教授を務める学者だ。過去にはオーストラリアにおけるデモの歴史や環境問題など、極めてリベラルな視点からの著作を発表し、オーストラリア緑の党から連邦議会選挙に出馬したこともある。自由と人権、民主主義を信奉《しんぽう》する左派で、タカ派でも民族主義者《ナショナリスト》でもない。

ゆえに「中国共産党」と「中国人」をきっちり分けて論じている。西側各国では、中国共産党や中国政府を批判する議論を、中国人全体を攻撃する人種差別《レイシズム》と混同する論者がいる。これこそまさに、中国共産党が国際世論を有利にするために狙う、民主主義諸国の言論の弱点だ。中国共産党を批判する論者を、中国人差別や外国人排斥《ゼノフォビア》と同一視する誘導に、大勢の「リベラルを自称する白人オーストラリア人」がまんまと乗せられて、ハミルトンを激しく攻撃してきたことに本人も「愕然《がくぜん》とした」という。

　香港民主派だけでなく、オーストラリアやカナダの多くの中国系住民にとり、「言論の自由」はすでに存在しない。中国共産党は5千万人いる世界中の華僑《かきょう》の守護者を名乗り、北京への忠誠を要求している。北京を恐れる華僑が、市民権がありながら平等な政治参加や政治的発言を自粛《じしゅく》させられている現状に、ハミルトンは憤《いきどお》る。声を上げれば、中国本土の親族らが危険にさらされ、コミュニティ内でも中国系同士の取引を止められ、罰せられるのだ。華僑と同様、自由に発言し学問を学ぶ権利を留学生組織の監視や脅しで奪われている中国人学生たちも「共産主義のゲットーから救い出すべきだ」と主張するハミルトンは、反中主義者でも排外主義者でもない。信教、集会、言論、政治参加の自由などは**西洋的人権ではなく、人類に普遍的な権利**で、どの国でも保障されるべきだと主張する。自由と人権を重んじるからこそ、国外にまで抑圧的・高圧的手法を輸出する中国共産党に強い警戒心を抱くわけだ。

　日本の「リベラル教養人」は、こうしたハミルトンの警告を受け止められるだろうか。新型コロナを強権で封じこめ、「ウイルスは外国からの輸入食品で武漢に入った」と主張し、独立した調査を拒《こば》む中国。強大な経済力を持つ一党独裁国家の発言力はますます大きくなり、自由を当然のものと見なしてきた民主主義国家の〝弱い同盟〟は、すでに劣勢となっている。

例えば英米とオーストラリア、カナダ、ニュージーランドの5カ国で機密情報を共有する「ファイブアイズ」の一員であるオーストラリアがターゲットになったのは、西側同盟の一番弱い部分と中国が見たからだ。外交部の趙立堅《ちょうりつけん》副報道局長は最近、ファイブアイズの5カ国は「その目をくりぬかれないよう注意しろ」と警告し、豪軍兵士がアフガニスタンの子供の喉《のど》にナイフを突きつける偽《にせ》の合成写真をツイッターに投稿した。自国への批判に、強い表現で嘘《うそ》をついてまで反論する。弱い相手とみれば脅して服従を要求し、経済制裁を科す強硬姿勢は、「戦狼《せんろう》外交」と呼ばれる好戦的なやり方だが、そうした牙を隠さないほど、中国は自分たちの力に自信を深めているのだ。

ハミルトンが中国共産党の工作に関心を持ったきっかけは2008年、北京オリンピックの聖火がキャンベラを通過した際、集結した中国国旗を掲げる何万人もの中国人留学生が、チベット独立派に暴力をふるう場面に遭遇《そうぐう》し、衝撃を受けたことだという。さらに2016年夏、中国共産党と関係の深い中国系の富豪が、オーストラリアの各政党や政治家個人に多額の献金をしていたことが明らかになり、『Silent Invasion』を書く決心をした。

2017年秋頃には草稿を書き終えたが、出版を後押ししていた出版社、アレン&アンウィン社が、印刷直前になって出版を中止した。その理由は「北京からの報復《ほうふく》を懸念《けねん》しているため」だった。日本とは違い、欧米の大手出版社は、本の印刷を中国国内の工場に委託《いたく》している。そのため、中国共産党に批判的な本を出版することで、それ以外の本の印刷を断られることを恐れたのだ。また中国系の富豪が法的に訴えてきた際、名誉毀損《めいよきそん》裁判では負けるとわかっていても、**あえて訴訟を起こすことで、版元や著者に大きな負担を強《し》いることができる。**版元は自社サイトへの中国からのサイバー攻撃にも怯《おび》えていた。

これは「言論の自由」に直結する大問題だ。他の出版社も、トラブルを恐れて逃げ出し、大学の出版局まで出版を拒否してきた。オーストラリアの多くの大学は多数の中国人留学生を受け入れ、財政的に大きな割合を彼らに依存しているからだ。３社に断られたのち、無事にハーディ・グラントという出版社から発刊されたが、こうした騒動そのものが、本書が指摘する「中国共産党の影響力がいかにオーストラリア国内に浸透《しんとう》しているか」を証明することになった。

「もしアメリカやトランプを強硬に批判する本を書いたら、出版社は喜んで出版したはずだ。彼らはワシントンでなく、北京を恐れている。それは**北京が支配する世界がどんなものか、先取りして味あわされた経験**」だったとハミルトンはいう。

なお、『Silent Invasion』執筆時点では中国本土への現地取材も行っていたハミルトンだが、２０２０年9月、中国への入国禁止を言い渡された。中国紙「環球時報」はオーストラリアが中国人学者のビザを取り消したことに対する「報復」だとしたほか、「その非常にばかげた見解と根拠のない内容のために、『Silent Invasion』は何度か出版拒否された」などと報じている。こうした強い反応からはむしろ、中国共産党にとってハミルトンの本がいかに「不都合な真実」を綴《つづ》ったものか、おわかりいただけるのではないだろうか。

本書はそのようなハミルトンの関わった2冊の本から、日本の読者向けにエッセンスを抜き出して40項目にまとめたものだ。みなさんにはぜひこの副読本から目を背けたくなるような真実を学んでいただき、まだ言論の自由が残されている間に、日本の将来を考えるための大きなヒントとしていただきたい。

# 1 オーストラリアを覚醒させた一冊の本

本書で見ていくように、中国共産党の浸透工作に無防備だったオーストラリアは、過去4年間で完全に変化した。きっかけは2016年夏、南シナ海問題で中国の立場を擁護していたサム・ダスティヤリ上院議員（当時）が中国系富豪・黄向墨《ホワンシャンモ》から多額の献金を受けていたことが、ジャーナリストの調査報道で発覚したことだ。同議員は議員辞職に追い込まれた。5、6名のジャーナリストのすぐれた報道によって明らかにされた、中国共産党と関係のある富豪の政党や議員への巨額の献金に加え、中国系資本によるオーストラリアの送電インフラや土地、港湾の買収が問題視される中、2018年に『Silent Invasion』が刊行された。中国共産党が何をしているか説明し、世論の潮目を逆転させたのだ。

オーストラリア国民が自分たちの置かれた危機的状況に気づくと、報道機関の論調も変わった。豪主要メディアのいずれでも中国共産党の活動を暴《あば》き、警戒する報道が増えたのである。

政府も法整備で後押しした。中国共産党の影響工作を、**「外国からの干渉」と認定**。外国政府のためにカネで政治家を買収したり、自由な政治的発言に干渉することを違法にした。

また、港湾や農地などを外国企業が購入する際に、財務省のチェックを受けることが法律で定められた。連邦政府は「中枢インフラタスクフォース」を設置。外国投資案件を審査して、権威主義的な政府のコントロール下にある外国企業への登録インフラの売却を認めないことを決めた。

すでに売却や長期リース契約を結んでしまった土地・港湾に関しても、政府が買い戻しやリース契約解除の算段を立てているという。遅すぎた感はあるが、気づいてからの対応は評価できる。同様の懸念

スコット・モリソン豪首相は新型コロナウイルスの発生源について徹底した国際的検証をくり返し要求、中国が貿易制裁を発動する事態となった。2020年12月21日、感染拡大を受けた記者会見の様子。

EPA ＝時事

がありながらほぼ何の対策もできず、主要メディアは相変わらず中国びいきの報道を続けている日本から見れば、うらやましい限りだ。

中国共産党への疑念も高まっている。2020年の新型コロナウイルスの世界的流行に、オーストラリアは中国の初期対応が適切だったか、独立した検証を行うべきだと主張した。これが中国の機嫌を損《そこ》ね、オーストラリア産牛肉の輸入停止、中国人旅行客のオーストラリア旅行禁止、大麦への追加関税、石炭、ロブスター、ワイン、木材の輸入制限など、**「経済を外交の道具に使う」形で報復**してきた。

長年、オーストラリアに行ってきた「中国を嫌いと言わせない」工作をかなぐり捨て、逆切れし脅しをかける様子を見て、「中国の本当の姿」を知り、警戒をさらに強めたオーストラリア人は多い。「中国が豪州に対する安全保障上の脅威」であると回答した人は、2018年の12%から2020年には41%まで上昇したという（https://poll.lowyinstitute.org/report/）。オーストラリアは目を覚ました。日本もそれに続かねばならない。

## 2

# 「献金はミルク」とうそぶく中国系大富豪

中国本土や香港から国外に移住した中国系移民の中には、中国共産党に批判的で、その支配から逃れようとした人たちと、移住後も中国共産党に忠誠を尽くし、協力を惜しまない人たちがいる。

オーストラリアの不動産開発企業・玉湖集団の経営者、黄向墨《ホワンシャンモ》は後者の代表だ。２０１２年ごろ、オーストラリアに来た黄は、民間組織に見せかけた中国共産党のフロント組織、中国平和統一促進会オーストラリア支部などで代表を務め、オーストラリアの政党や議員に多額の献金を行い、大学にも惜しみなく資金を提供して頭角をあらわした。

黄向墨がシドニー工科大学に多額の寄付をして設立した豪中関係研究所は、オーストラリアにおける親中言論の発信拠点になった。所長に任命されたのは親中派で知られる〝北京《ベイジン》ボブ〟ことボブ・カー元外相である。

中国共産党に見返りのない善意はない。黄は「（政治家や政党、大学に配る）カネはミルクである」とうそぶき、「海外の中国人たちは政治面で力をつけなければならない」「華僑たちはオーストラリアの政治に参加して影響力を発揮する努力がまだ足りない」などとハッパをかけていた。

この「影響力の発揮」とは、現地中国系住民の、民主主義の価値に基づく自由な発言や政治力の発揮ではなく、ひとえに**中国共産党への支持者を増やし、批判を封じること**にある。カネを配れば親中派は増える。ボブ・カーだけでなく、ジュリア・ギラード元豪首相やアンドリュー・ロブ元貿易相、エリック・ローゼンタール労働党サウスウェールズ支部代表など、多額の献金は労働党・自由党を問わず、有力政治家に対して行われていた。

そうした「ミルク」を与えられ、〝親中派〟に育っ

2016 年、当時のターンブル豪首相（向かって右から3人目）やフィリップ・ラドック自由党議員（2人目）ら有力政治家と春節イベントで一緒に写真に収まる黄向墨。春節は北京の資金提供を受けた中国共産党配下の団体の宣伝の場となった。
Dominic Lorrimer/Fairfax Syndication

たちの一人が、オーストラリア労働党所属の上院議員、サム・ダスティヤリだった。ダスティヤリは黄から事務所の経費や高額のワインを供与され、さらに黄と同様の意図をもって近づいてきた、シドニーで教育研究所を主宰する祝敏申《ジューミンシェン》からも選挙資金や中国旅行の資金の提供を受け続け〝立派な親中派〟へと成長した。

ダスティヤリは中国共産党の機関紙・人民日報に「**国際的親中派**」と称えられるまでになり、南シナ海の領有権問題は「中国が判断すること」と肩を持ち、中国が一方的に定めた防空識別圏問題に関しても「反対すべきでない」と、ほとんど中国共産党の代弁者と言っていい発言を繰り返した。

さらにダスティヤリは自身の献金問題が発覚すると、黄の豪邸に出向き「あなたのことをオーストラリア政府が盗聴しているかもしれないから、気をつけろ」と忠告までしていた。

黄がダスティヤリに与えていたのはアメだけではない。「オーストラリア労働党が南シナ海に関する中国に批判的な姿勢を変えないなら、献金を中止する」

と圧力をかけ、「献金のミルクを断つ」というムチを使ってオーストラリア内の対中世論に影響を与えようとしていた。

政治家や有力な財界人にカネを与えて親中派に転じさせた黄は、中国共産党幹部からもその働きを評価され、領事館や大使館でのイベントに招かれたり、中国メディアに大々的に取り上げられるなど、影響力を高めていた。

だが悪事は暴かれる。２０１６年8月、ダスティヤリ・スキャンダルが明るみに出ると、それまで黄を評価していた中国共産党当局は彼を見切り、在シドニー領事館のサイトから黄の名前は削除された。

さらに２０１７年11月にダスティヤリの「忠告」が暴かれると、黄は豪中交流団体の会長を辞任。最終的にはオーストラリアの**在留ビザも取り消される**に至った。

もちろん、こうしたスキャンダルが一つ明るみにでたところで、オーストラリアでの中国共産党の工作活動が抑制されたわけではない。オーストラリア在住の中国系富豪は数多い。ダスティヤリの中国への渡航費を肩代わりし、選挙資金を援助していた祝敏申も、２０１４年から15年にかけて主要政党に23万ドル、２０１５年から16年にかけては7万2千ドルを献金していた。

祝は２００８年、キャンベラで行われた北京オリンピック聖火リレーの際には、中国人留学生を組織的に動員した重要人物とされる。自身の運営するトップ教育研究所から学生90人が参加したうえ、それを「成績にカウント」していたというのだから驚く。さらに驚くのは〝北京ボブ〟ことボブ・カーが彼を連邦政府の中国大臣諮問《しもん》会議のメンバーに任命したことだ。

もう一人、象徴的な中国系の大富豪が周澤栄《チャウチャクウィン》だ。彼がどうやって不動産開発で巨万の富を得たのかは不明だが、２００7年には豪自由党に２９０万ドル、労働党に１７０万ドルを献金したのを皮切りに、連邦選挙が行われるタイミングで多額の献金を政党にばらまいてきた。また、将来有望な若い政治家たちをもてなすため、中国での接待旅行の旅費の一部を支払ってもいる。

豪労働党上院議員サム・ダスティヤリは、中国系実業家で政治献金者の黄向墨との関係がスキャンダルとなり、議員を辞任した。2017年12月12日の辞職記者会見の一コマ。

EPA＝時事

さらにここでもボブ・カーが登場する。彼は2006年に周が主催する「澳中友好交流協会」の唯一の名誉会長に指名された。これは2004年、現役の外相だったボブ・カーが周の娘を外務大臣オフィスにインターンとして迎え入れたことの、「御礼」だったと見られている。

周は「澳州新快網」という新聞メディアを経営しており、当然ながら「**中国の視点**」で報道し続けていて、北京政府から高い評価を受けている。中国共産党との関係が色濃い周の影響力を批判的に検証したテレビ番組や新聞社もあったが、周は名誉棄損で提訴している。

周は豪国籍を持っているが、「彼のやっていることはオーストラリアの国益を犠牲にしながら中国の利益を増進させており、国籍取得時の宣誓を破るものだ」と批判を浴びている。

# 3 なぜオーストラリアが狙われたのか

オーストラリアは中国の「目に見えぬ侵略」を受けて、インフラ、メディア、大学、研究所、政界、財界に、あらゆる浸透を許してしまった。米国と離れて中国との関係を強化することこそが、オーストラリアが生き残る唯一の道だと思い込まされたエリート層は多い。

「一党独裁の政治体制」「マルクス主義に彩られた経済観念」を理由とする警戒論さえも、中国人そのものに対する「人種差別《レイシズム》」「外国人恐怖症《ゼノフォビア》」とレッテルを張られ、自由に議論することすら許されない状況になった。

なぜ、オーストラリアは中国共産党の工作の標的となったか。始まりは２００４年にさかのぼる。当時、胡錦濤《こきんとう》体制の中国共産党はオーストラリアを「影響を及ぼすべき）中国の周辺地域」に認定し、アメリカの同盟国の中で「**最も弱い鎖**」であることに目をつけ、「オーストラリアをアメリカにＮＯと言える第二のフランスにし、米豪同盟にくさびを打つ」ことを長期目標に据えた。オーストラリアの政治家と個人的友好関係を築きつつ、華僑や中国人留学生、中国系企業を使って、オーストラリアの対中感情を好意的なものへ誘導し、経済的な中国依存を高める方策だった。

オーストラリアが「弱い鎖《ウィーケスト・リンク》」とされた理由は４つある。①移民を多く迎える開放性、②国土の広さに比べて人口が少ない、③大規模な中国系移民の存在、④多文化主義を重んじていることだ。オーストラリアの人口は約２５００万人程度しかなく、１００万人単位の中国系移民は大きな存在感がある。

さらに、かつて白豪主義《はくごうしゅぎ》で原住民《アボリジニ》や中国系住民を弾圧した歴史から、オーストラリア社会は人権問題や人種差別問題への感度が高い。中国共産党はここ

2016 年、中国共産党の下部組織の提案で、ニューサウスウェールズ州政府が春節に合わせてオペラハウスを赤くライトアップすると、人民日報は「シドニーのオペラハウスは中国風に赤く染まった」と誇らしげに伝えた。
James Alcock/Fairfax Syndication

にも目をつけた。中国政府や中国系企業、中国系大富豪へのオーストラリア国民の警戒心を「外国人恐怖症だ」「人種差別だ」と封じることができるからだ。

オーストラリアの心ある人々が警戒しているのは「中国人」ではなく「中国共産党」なのだが、中国批判を封じたい人たちは意図的に両者を混同させ、多文化主義を逆手に取り「**差別だ**」という絶対的なカードを切ってくる。

そのやり方は非常に効果的だ。中国系の人々によるオーストラリア批判は許されても、オーストラリア人による中国共産党批判は許されない状況になったからだ。

こうした事態に誰よりも危機感を覚えているのは、中国共産党に批判的な中国系オーストラリア市民たちだ。大陸の圧政、言論の不自由からようやく逃れて新天地に渡り、自由と民主主義を謳歌《おうか》してきたのに、大陸と同じ「愛国心」と「中国共産党への忠誠心」を要求され、他の中国系移民や留学生たちから**監視・密告される**ようになった。彼らの言論の自由、政治参加の権利が脅かされている。

# 4 北京《ベイジン》ボブ――軍事力よりも重要視される工作対象「中国の友人」

「中国共産党は世界の友人たちを大事にする」。一見いい話のようだが、「軍事力による脅しよりももっと手軽で効果のある方法」として、中国共産党は「中国の友人」づくりを進めている。

これは外国のエリート層の中に、中国共産党の意図を代弁し、中国への批判を「差別だ」と攻撃し、アメリカとの同盟関係を否定し、中国が覇権国となる夢の実現を手助けする**政治家、学者、財界人**を育てることだ。

オーストラリアでは〝北京《ベイジン》ボブ〟とあだ名される元外相ボブ・カーの「中国の朋友」ぶりが目立つ。中国系大富豪の黄向墨《ホワンシャンモ》は2015年、シドニー工科大学に180万ドルを寄付して豪中関係研究所を作ると、ボブ・カーを所長に任命した。表向きの目的は豪中交流や豪中関係の深化だが、その実は中国共産党の宣伝機関として機能させることが目的で、オーストラリアの政策や政界での中国共産党の影響力拡大の拠点となっている。

豪中関係研究所ができると、さっそく中豪貿易協定のメリットを説く論文が発表され、中国主導のAIIB（アジアインフラ投資銀行）への豪の参加を評価するなど、あからさまな行動に出た。研究所と称してはいても、実態は中国共産党の意を「**あたかも豪州内の客観的意見であるかのように**」伝えることが目的なのだ。ボブ・カーは豪中関係研究所を入り口に、オーストラリア政財界・学界への中国共産党の友人づくりを積極的に後押ししている。

ボブ・カーは2012年まで、中国共産党の一党独裁体制を「滑稽《こっけい》なほど時代遅れ」とし、対中ロビーにも批判的な立場だった。それがわずか数年で「転向」して中国共産党擁護《ようご》に回り、「オーストラリアはアメリカ以上に中国との関係を重視すべき」と述べ、中

元外相でニューサウスウェールズ州元知事でもある労働党の有力政治家ボブ・カーは、黄向墨によって豪中関係研究所の所長に据えられ、連邦政府の親中政策の推進に大きな役割を果たした。写真は 2012 年 5 月 18 日の来日時の様子

写真：ロイター / アフロ

国共産党への警戒を「外国人恐怖症」と断じ、中国が敵視するダライ・ラマの訪豪に猛反発するまでに変わった。

中国寄りの発言はエスカレートし「中国の影響を懸念するのは冷戦思考」「オーストラリアは中国の核心的利益を尊重すべき」「アメリカは中国の新しい立場を認めるべき」「中国が近隣諸国に嫌がらせをするはずがない」など、全く現実が見えていない発言を繰り返している。『Silent Invasion』刊行後には新聞に酷評を寄せた。

もう一人、中国に取り込まれた元首相がポール・キーティングだ。政界引退後に中国を頻繁《ひんぱん》に訪問して党幹部や企業トップと交流するうち、中国のリーダーが自分に**本心を明かしてくれる**と思いこむようになった。「中国こそオーストラリアの運命」なのだから、アメリカに「もはや従属国ではない」とハッキリ言えと主張する。中国側は自分の意見を傾聴《けいちょう》してくれると信じているが、実際は中国の代弁者になっているだけなのだ。

オーストラリアの元法務長官ギャレス・エヴァン

スは、かつて世界を舞台に渡り歩き、華々しく活躍して発言力を持った人物が、その座を退《しりぞ》いたのち国内での政治的影響力を失い、周囲からの尊敬を集められなくなったことで抱える喪失感を「政治影響力喪失シンドローム」と名づけた。

　中国共産党はこうした人の心理に目を付け、「**引退した政治家**」をもてなし、その発言力を利用しようとする。その人物が、国内での影響力の低下と裏腹に、中国では「重要な賓客《ひんきゃく》」として扱われると、自分を軽んじる母国を貶《おとし》め、中国を持ち上げる発言をしやすいのが人間心理だ。日本でも河野洋平元官房長官や鳩山由紀夫元首相など、何人もの顔が浮かぶ。

　ボブ・カーも、外相退任後、中国共産党の手引きで何度も訪中し、「アゴアシ付き」で下にも置かぬ扱いを受けている。

「自分は中国に対して一家言持っている」という自覚も、中国に利用されてしまう。ボブ・カーは国際派で鳴らしていたところを「あなたは中国を独自のイメージで理解されていますね」などと中国側の専門家や高官から評価され、自分は中国にとって特別な存在であるかのように錯覚したようだ。持ち上げられ自分自身が高く評価されているように思いこむ。実際には中国のために動くから価値があるだけだが、本人はもう気づかない。

　そうやって中国側と交流を深めていくうちに、「重要なのは中国との親密な友好関係だ」と思いこみ、中国側の立場を忖度《そんたく》した、中国に都合のいい発言をくり返すようになる。最終的には中国が何も指示を出さなくとも、メッセンジャーとして自ら中国共産党の立場を代弁して動くようになる。

　彼らはよく「中国と（自国との）相互理解を深める」と言うが、中国共産党の立場への理解が一方的に、**相手の意図に沿う形で深まるばかり**で、こちら側の立場や西側社会の価値についての理解が、中国国内で深まることは一切ない。にもかかわらず「相互理解と調和に貢献している」という大きな幻想が、彼らの行動を誤った方向へ向かわせているのだ。

　こうした「友好の罠《わな》」に絡めとられた別の例が、カナダのジョン・マッカラム駐中大使だ。中国に魅入られるあまり「中国当局は私に好意的だ」と錯覚し、

右は1991～96年まで豪首相を務めたポール・キーティング元労働党党首（2020年3月3日撮影）、左はファーウェイ幹部を米国へ引き渡さないよう求めて2019年1月に罷免（ひめん）されたジョン・マッカラム元駐中国カナダ大使（2016年3月16日撮影）。
AFP＝時事（左）EPA＝時事（右）

「カナダはアメリカよりも中国と共通点が多い」「（後述するファーウェイ問題で）北京と和解せよ」と主張するに至った。彼の場合は大使として中国に赴任した際、友人を欲していたところをつけこまれ、さらに自らの「評価されたい」という**虚栄心を巧みに利用された**、との指摘もある。

中国との経済関係を重視して自国政府に膝《ひざ》を屈《くっ》するよう主張し、自分のエゴを満たすことを国益や人権より優先し、「中国共産党に対する批判や警告」を「差別だ」と批判して言論の自由を封殺する。その先兵となっているのが「中国の友人」たちなのである。

# 5 中国亡命外交官・陳用林は何を語ったか

オーストラリアにおける「目に見えぬ侵略」が明らかになったのは、中国の外交官でありながらオーストラリアに政治亡命した陳用林《ちんようりん》の存在が大きい。陳用林は中国外交部の一等書記官として、シドニーの領事館に勤務していた。在任中の主な任務は反政府分子の取り締まりと監視で、中国民主化運動、台湾独立、チベット独立、ウイグル独立に関係する人々が対象だった。特に法輪功信者への監視は厳しく、信者がパスポートの更新に来れば取り上げて**帰国を強要し**、現地警察に圧力をかけて彼らの活動を制限するよう働きかけていたと証言する。

陳用林がオーストラリアに亡命したのは2005年。だが、彼の情報が表に出るのに約12年もの歳月が必要だった。『Silent Invasion』の執筆にあたり、クライブ・ハミルトンは陳用林から多くの情報を得ている。

陳用林は大学生時代、民主化運動に参加していた。父親も文化大革命に反対し、党批判の壁新聞を作ったことで逮捕され、撲殺《ぼくさつ》されたという。陳は1989年の天安門事件を目の当たりにし、中国共産党の実態を知った。「西側に行きたい」と思っていたが、勇気がなかったと本人は語る。その後中国共産党のもとで「再教育」を受け、外交部に入り、オーストラリアへ2001年に赴任《ふにん》した。

陳は2002年にオーストラリアが中国・広州省へ天然ガスを供給する契約を勝ち取った時の「裏事情」も暴露《ばくろ》している。中国政府は当初、最安の契約案を提示してきたインドネシアと契約を結ぶつもりだったが、党中央委員会が「オーストラリアにしろ」と横やりを入れた。その理由は「当時、完全にアメリカと同調していたオーストラリアを、こちらに振り向かせるために**経済的手段を使うべきだ**」と判断

2005年6月19日、シドニーで行われた豪政府の不法入国難民政策に反対する抗議集会に姿を見せた陳用林・元中国領事。2005年に豪政府に政治亡命を求めた後、妻子と共に長い潜伏生活を強いられている。

AFP＝時事

してのことだった。

中国は自国の「汚染官僚」にも容赦《ようしゃ》ない。「汚職官僚が米国、EUなどの民主国家に逃亡した後、情報機関に派遣された工作員は、同官僚を帰国させるために、**親族を脅迫し、特にその子供を拉致**することがしばしばある。公安部の海外情報ネットワークは主にこのような任務を行っている」と陳は恐ろしい証言をしている。

また、中国共産党による外国政治家の取り込みについても詳細に証言している。「贈賄《ぞうわい》するには、政治家を招待して中国への豪華旅行を手配するのも一つの方法だ。当局は直接表に出ないが、中国企業の関係者などに指示して、中国に到着した豪州政治家に性的接待を行う。中国に行った政府関係者の多くは帰国した後、中国への態度が一変し、中国共産党を支持するような言論が目立ってくる」。

陳はまた、オーストラリア国内に当時1000人以上のスパイがおり、現在はもっと多い数千人だ、と指摘する。諜報部門の身分を隠して社会の様々なところに散らばっているという。

# 6 「4つの不徳」で協力者を得る

かつてイギリスの情報機関・MI5が作成した「中国を訪問するビジネスマンのための安全マニュアル」には、こんな注意事項が書かれていたという。

①お世辞や気前の良いもてなしに気をつけろ。
②友人名目での勧誘に気をつけろ。
③貸しを作らせるな。見返りを要求されるうちに協力者にさせられる。

こうした中国の手法は今も生きている。何の利害関係もなく近づいてくることはなく、**目的があるから友人になる**のだ。中国が他国で協力者を育てる時、利用する「4つの不徳」がある。

①情欲、②名声欲、③復讐欲、④強欲

人間はこうした欲望を刺激されると弱い。③の復讐欲は中国共産党が「愛国教育」で、「西洋が中国に与え続けた屈辱」を人民に教え込む形で利用している。外国人の場合、自国で不当な評価を受けている、と感じている人ほど、つけこまれやすい。

外国人向けの工作として有名なのは①情欲を刺激する「ハニートラップ」だ。ターゲットが男性である場合に多く使われる手法で、女性を近づかせ、いかがわしい写真を撮って脅《おど》したり、関係を深めて情報を得たり、その人の考えを中国寄りに徐々に変えてしまう。

ロンドン副市長だったイアン・クレメントは、2008年のオリンピックで北京滞在中、女性に声をかけられ、ホテルの部屋に連れ込んだが、薬を飲まされて気を失い、目を覚ますと鞄《かばん》の書類が盗まれ、携帯電話の中身がダウンロードされていた。

2009年にオーストラリアで発覚したのが、国防相のジョエル・フィッツギボンの事件だ。中国の軍諜報組織と近い関係の女性実業家・劉海燕《ヘレンリウ》と「非常に親密」な関係になり、国防相就任前に二度、お

2009 年に人民解放軍や情報機関と近い関係とされる中国系女性実業家とのスキャンダルが報じられたジョエル・フィッツギボン元オーストラリア国防相。この女性は 10 年以上をかけて同相と密接な関係を築いていた。
2008 年 12 月 18 日＝共同

忍びで中国を訪問。その時の非公式報告書の内容は「あまりにスキャンダラス」だったため揉《も》み消され、しかも事件の報道は「オーストラリア国内で反中感情を煽動《せんどう》しかねない」との理由で立ち消えになったという。

さらにスキャンダル発覚後、マレーシア出身の中国系である妻・ヘレナが劉と親密だったボブ・カー元外相が「彼女がオーストラリアのセキュリティ・リスクであるかのように語るのは恥ずべきこと」とすぐに劉を擁護《ようご》した。こちらは②**名声欲を刺激されて中国擁護に転じた例**であり、「4つの不徳」で人をコントロールすることが、いかに有効な手段かわかる。

日本でも海上自衛官の中国籍の妻がイージス艦の機密情報を入手したり、上海日本総領事館の通信担当事務官が現地カラオケ店女性との不倫をネタに情報提供を求められ「日本を売らない限り出国できそうにない」と自殺した事件、持ち出し禁止の内部情報を持って中国に無断渡航した海上自衛隊対馬警備所の自衛官が、上海の事務官と同じカラオケ店に出入りしていた事件などが発覚している。

# 7 大学を監視する中国人留学生たち

大学内の売店に中国共産党に批判的な「大紀元《エポック・タイムズ》」の新聞があると「誰が許可したんだ」と大声で抗議し、ゴミ箱に捨てる。授業で中国国境について取り上げた講師を「中国の主張と違っている。許せない」と糾弾《きゅうだん》する。香港と台湾を国家扱いすると「傷ついた」と騒ぐ。中国に批判的な映画の試写会や、ダライ・ラマの講演会に猛反発し、中止に追い込む——。

　これらはいずれもオーストラリア国内の大学に留学している中国人留学生たちがとった行動だ。留学生は、西側諸国の「学問の自由」や「自由な校風」を踏みにじり、西側の大学内で、反中国的な動向がないか監視し、発見すれば騒ぎを起こす「**監視員**」の役割をしている。

　幼少時から「愛国教育」を受け、中国共産党への忠誠と、中国が近代に列強諸国から受けた屈辱をたっぷり教え込まれた学生は、海外に出ても中国共産党への批判を許さず、「自分たちへの非難」と受け取り、被害者意識を全面に出して反発する。

　１９９０年代、中国共産党は海外に散った中国人留学生たちの管理を始めたが、当初は留学生たちの中国批判を監視するだけだった。それが２０１０年代には「学生たちを西洋的価値に感染させない」ことが目的となり、さらには西洋の大学を中国共産党の価値観に染めかねない事態になっている。

　中国国内で行われている**人民の相互監視**を、留学生を使ってオーストラリアでも行う。オーストラリア人学生や教師が中国政府の立場と異なる言動をすると「人種差別だ」「傷ついた」と騒いで大使館やメディアに報告し、事件にする。中国人学生が祖国を批判するような言動を見せると、大使館に連絡が行き、中国国内の両親を国家安全部の職員が「訪問」する、恐るべき監視体制が出来上がっている。

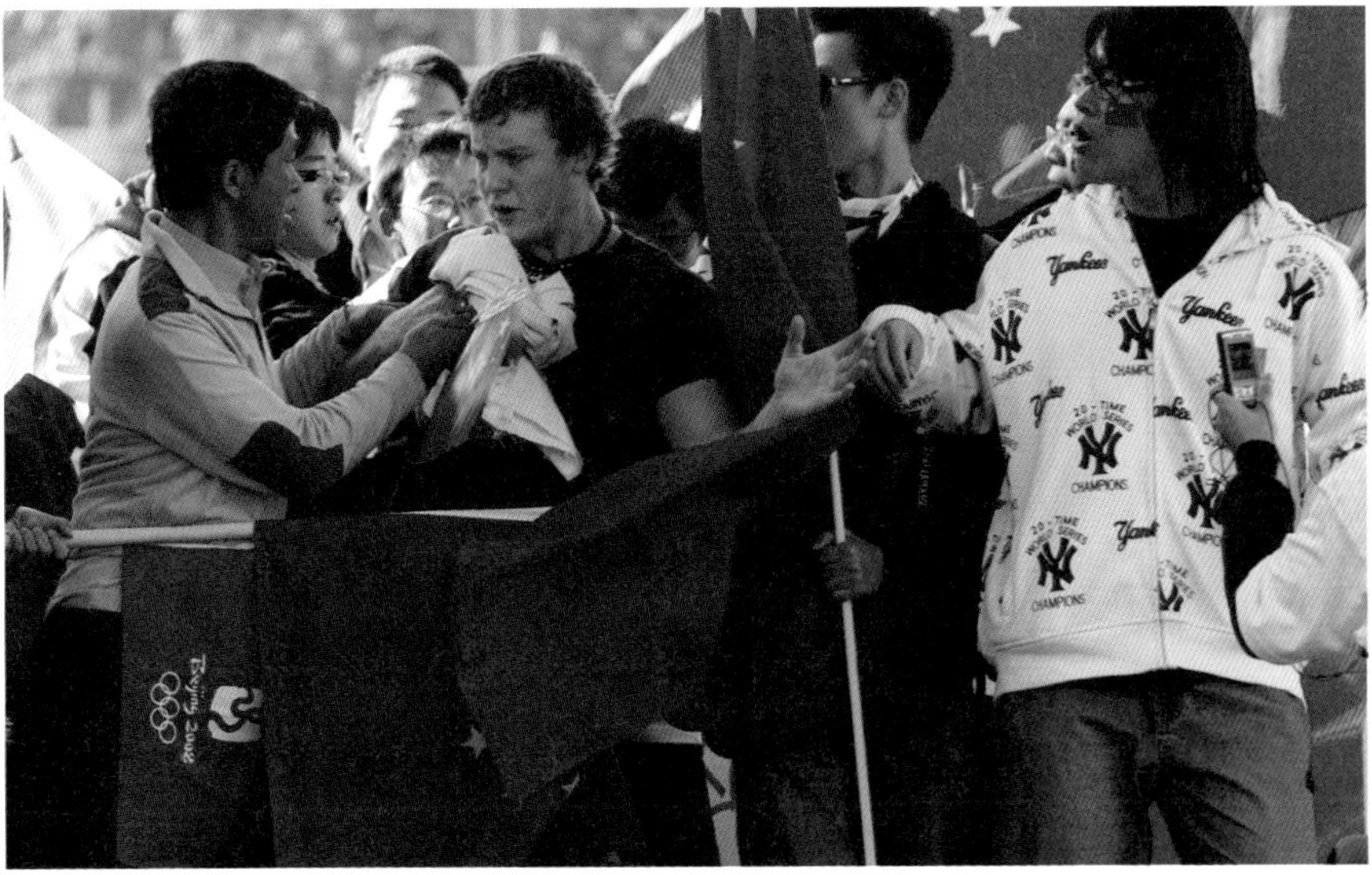

2008年4月24日、キャンベラの国会議事堂前で行われた北京五輪の聖火リレーをめぐってもみ合うチベット支持者と中国支持者。中国人学生が大量動員されたことがわかっており、同様の事態は同2008年の長野での聖火リレーでも発生した。
ロイター＝共同

留学生の動向が領事館や大使館に常に把握されているだけでなく、指導や活動資金の提供が学生団体に対して行われている。2008年、豪キャンベラの北京五輪聖火リレーでは、留学生たちが大使館の号令一下、大規模に動員される体制が整っているのを見せつけた。

西側の大学に留学した中国人留学生は、自国とは違う価値観に触れて多様性を身につけるのではなく、現地を赤く染める先兵となっている。習近平が「学生は中国の影響力拡大工作の中心的存在」と位置づけている通りだ。

大学の自治、学問の自由を重んじるはずの大学側は、すっかり口を閉ざしている。2017年までにオーストラリア国内の中国人留学生の数は13万人に達し、国立大学の全留学生の60％を中国出身の学生が占める。大学の財政収入の15％が中国人学生からもたらされているオーストラリア国立大学の総長は「（大学運営は）彼らの授業料に**完全に依存している**」というまでになった。ここでも「オーストラリアの中国化」が進行しているのだ。

# 8 「反共デモ」で停学、現地学生の憂鬱《ゆううつ》

中国共産党の意向に従うよう強要されるのは、中国系移民の子弟や中国人留学生だけではない。西側の大学が中国人留学生の学費や入学金、中国系実業家の寄付に依存していると、大学教師や学生も、その影響力から逃れることができなくなる。

オーストラリアのクイーンズランド大学では、香港の民主化運動を支援する活動を行った学生、ドリュー・パブロウが2年間の停学処分となった。

大学側は、SNSでの彼の暴言が「大学の規範に違反した」としたが、「被害者」にあたる学生は「彼特有の柄の悪さはあるが被害はない」と証言。実際の「罪」は、**中国共産党の機嫌を損ねたこと**である実態を浮き彫りにした。

現に、停学処分に相当するとして挙げられた11の罪状の大部分は「反中国共産党的活動」とされる。歳入の20％を中国本土の留学生に頼る同大学は、圧力に屈して地元学生を追い出そうとしているのだ。

パブロウは、むしろ被害者だった。香港支援デモは現地の中国人学生・留学生から強い反発を受け、暴漢に2回も襲われたと証言している。こうした中国共産党支持者の「反発」に、中国共産党の公的機関はお墨付き《すみつき》を与えた。在クイーンズランド州中国領事館総領事の徐傑《じょけつ》は、領事館の公式ホームページで声明を発表。**香港支援活動は中国を分裂させる活動**であり、「少数の下心ある人が、クイーンズランド大学で反中活動を展開している」と批判した。総領事が暴行事件を起こした中国人学生の「愛国的行動を称揚《しょうよう》する」との声明を発すると、オーストラリアの外務大臣はさすがに非難した。

「環球時報」や豪州の親中派メディアは、「パブロウは香港の抗議活動を後援する主要な運動家だ」と名指しで報じた。「人民の敵」とされたのだ。脅迫も相

ブリスベンのクイーンズランド大学の学生、ドリュー・パブロウは2019年からの香港民主派デモやウイグルやチベットへの中国の抑圧政策に抗議し、また同大学の中国との関係に反対する活動も行い、停学処分となっている。（2020年9月1日撮影）
AFP＝時事

次いだが、パブロウは屈しなかった。「一連の民主運動はクイーンズランド州の『平和と善良な行動法』に基づいて行ったもので、総領事による『分裂主義』との批判は的外れ」であるとして、総領事に発言を撤回して謝罪するよう要求。裁判を起こしたのである。

パブロウのケースは、親中的でないオーストラリア国内のメディアやウォールストリートジャーナルなどの海外メディアに取り上げられ、いずれも大学側の対応や中国共産党による圧力を批判した。

以前から各地の中国大使館や領事館は欧米大学への干渉を試みてきたし、香港や台湾のデモを支持するイベントや、ダライ・ラマの招待を圧力でつぶしてきた。学費や寄付をアメとして与え、思い通りに動かないと中国人留学生に暴れさせ、あるいは資金を止めるとムチをふるう。こうして、中国共産党が指示しなくても、大学側は「**自己検閲**」して意のままに動くようになる。

チャイナマネーに目がくらみ、学問の自由も、自国や地元の学生の人権さえも手放す大学の存在意義が問われている。

9

# 次々に買収されるオーストラリアの港

海軍を増強し、「一帯一路」の海洋版・海のシルクロード戦略を展開する中国共産党。その海洋政策の要になるのが、中国の軍と民間の船が寄港できる港湾拠点だ。

長期計画に従って、オーストラリアの港は次々に中国系企業に買収され、あるいは長期レンタルされてきた。

２０１４年、サウスウェールズ州のニューキャッスル港を中国国営複合企業の招商局集団《しょうしょうきょくしゅうだん》が17億ドルで買収。２０１６年にはビクトリア州のオーストラリア最大規模を誇るメルボルン港が中国国営ソブリンファンドのＣＩＣキャピタルに買収された。

注目は、２０１５年、準州ノーザンテリトリーの州都・ダーウィンにあるダーウィン港を**99年間租借《そしゃく》**することになった中国企業・嵐橋集団《らんきょうしゅうだん》（ランドブリッジ社）だ。

ダーウィン港は中国人民解放軍海軍の積極的な海洋進出によって、南太平洋の戦略拠点としての重要性が増しているため、アメリカ軍が海兵隊部隊のローテーション配置や訓練で使うほか、米海軍の寄港地として重視するようになった。

「戦略的重要性」は中国にとっても同じだ。嵐橋集団会長の葉成《ようせい》は人民解放軍の出身で、元貿易相のアンドリュー・ロブに多額の支払いを行っていることも判明している。

嵐橋集団の社内文書には、彼らが海上民兵の部隊を運用していることを示す文言がある。「海上民兵」とは、軍で訓練を受けた民間人を指し、民間人の利を生かした情報収集や、漁場を争う他国の漁民を脅す役割も担う。民間人と軍人の「グレーゾーン」を巧みに突き、相手の軍隊が出動しない状況を保ちながら自国に有利な海洋活動を展開し、いざとなれば

オーストラリア北部準州ノーザンテリトリーのダーウィン港。2015 年 10 月、この港湾の管理権が中国企業「嵐橋集団（ランドブリッジ）」に移った。オーストラリアではアジアに最も近い位置にある戦略的に重要な港で、米海兵隊が駐留している。
2014 年 6 月＝共同

中国の軍事行動を支援する。

もし騒乱や港湾封鎖という事態になったら、中国が「港湾で働く自国民救出のため」「一帯一路を守るため」として**海外派兵の口実**にする危険性すらある。中国共産党はすでに「どういう事態なら海外派兵が可能になるか」、検討を進めているのだ。

人民解放軍は2017年に初めての「海外の恒常的拠点」となる海軍基地をアフリカ・ジブチに築いたが、中国所有の海外港湾は増加しており、同年の時点で**全世界で実に60か所**を所有するまでになった。

その買収方法はえげつない。返せる見込みがないカネを現地政府に貸しつけ、借金のカタとして目当ての港湾の所有権を押さえる。こうしたやり方は、アフリカの有識者をして「かつての帝国主義時代の列強各国が懐かしく思える」と言わしめるほど、冷徹なものだ。豪ニューキャッスル港を買収した中国企業・招商局集団に、ハンバントタ港を買収されそうになったスリランカでは、現地住民が「中国の植民地にはなりたくない」とデモを起こし、買収は見送られた。正しい判断だったと言えるだろう。

# 10 「中国の畑」と化すオーストラリアの農地

富裕層が増えている中国の食生活は急速に欧米化している。そのため中国共産党は「**タンパク質の赤字**」と呼ばれる食糧難を恐れている。環境破壊や汚染のため、国内で農地や牧場にできる土地が限られていて、肉類などを海外からの輸入に頼らざるを得ないからだ。

中国の富裕層は、中国産の危険な食材ではなく、海外産の安全な食料品を求めている。

2008年、中国製の乳児用粉ミルクに合成樹脂の材料となるメラミンが混入する事件が発生し、乳児6人が死亡、30万人以上が被害を受け、中国はパニック状態になった。富裕層は国外で粉ミルクを買いあさった。

この時の中国製粉ミルクに対する不信感は今も払《ふっ》拭《しょく》されておらず、海外から買い求める動きは続いているようだ。2018年、オーストラリアでは乳児用粉ミルクが買い占められ、中国人相手に転売されていることが大問題となった。中国系住民が中国在住の消費者のために「代理購入」していたこともわかっている。

2016年、19年には寄港した中国海軍の乗員がオーストラリアで粉ミルクを「爆買い」したことが話題になった。ついでに、この時は中国軍艦の入港をオーストラリア政府が国民に知らせていなかったため、さらなる非難を浴びた。

「中国産」に対する富裕層の不信感は粉ミルクにとどまらない。そこで中国共産党は海外の農産物、畜産物の輸入路確保を前提に、オーストラリアはもちろんのこと、ニュージーランド、アフリカ、ラテンアメリカへの**投資を奨励**している。2016年には、オーストラリアの農業に対する中国からの投資総額は約10億ドル（約1114億円）と、前年の3倍以上

2014年11月18日、豪南部タスマニア州を訪問し、歓迎する現地の子供達と握手する習近平。後ろに見えるのは夫人の彭麗媛。これ以降、豪国内ではへき地とされるタスマニアに中国人観光客と中国からの投資が急増した。
写真：新華社／アフロ

のブームとなった。「クリーンで安全」というオーストラリア産品のイメージが背景にある。

オーストラリアでは、特に南部のタスマニアや北部のダーウィンが狙われており、習近平は2014年の豪議会演説で「中国はオーストラリア北部の開発を支援する」と述べて喜ばせたが、「支援」の目的はもちろん中国と中国共産党の利益だ。表向きは現地企業への投資と生産品の一部を輸入品として確保することが目的のように見えるが、企業を買収するや、大陸から中国人労働者を送り込み、中国への輸出のみを行う企業へと変貌する。つまり、オーストラリアの農地は「**中国の畑**」と化す。

どの国でも、過疎地の農業や畜産業には家族零細経営の場所が残っている。中国はこうした「買収しやすい」地域や事業に目を付けて買い上げ、統合して、**中国向け**の大規模農地や大規模牧場に仕立てようとしている。

こうして「中国人のための農場・牧場」ばかりが生き残ることになれば、「タンパク質の赤字」に陥るのは現地の消費者ということになりかねない。

# 11 出し入れ自在の「外交カード」、中国人観光客

人も経済も武器にする中国共産党、その双方を併せ持つ重要な手駒が「中国人観光客」だ。

年々裕福になる中国の人々は、こぞって世界各地への海外旅行に出かけるようになった。中国共産党側は「外の世界で別の価値観に触れる」海外旅行を、団体旅行を中心に、党の監視役を付け、観光客同士はもちろん旅行先にもいるであろう華僑にも監視を徹底しつつ、むしろ観光客を自らの**経済・外交カード**として使うようになった。

つまり、中国人観光客が旅行に行くことでもたらされる経済的利益をコントロールし、相手国との関係が緊張すると中国人観光客の流入を止めることで、相手国に経済的打撃を与えようというわけだ。

オーストラリアでは中国人観光客が毎年増加傾向にあり、2013年から2018年までの5年間で72万人から143万人と、ほぼ倍になった。世界でも十指に入る観光立国のオーストラリアでは、滞在期間が長くお金を落としてくれる中国人観光客は「上客」だという。

しかしこれが罠《わな》なのだ。ある分野で中国依存が高まれば、中国がそれを「カード」として使う効果が高まる。2020年、新型コロナウイルス蔓延《まんえん》に際してオーストラリアが「(発生源である)中国を独立調査せよ」と主張すると、中国共産党は激怒。お得意の「中国政府・共産党批判を差別に置き換える」手法で、「**人種差別が激化しているから、**オーストラリアに観光に行かないように」と国内に通達を出した。コロナ終息後、この禁止がいつまで続き、オーストラリアの観光収入にどの程度の打撃を与えるか懸念される。

安全保障でも、観光客はカードとして使われる。2017年3月、韓国はアメリカに要請し、弾道ミ

春節や国慶節などの大型連休を使って訪日する中国人観光客を「爆買い」ともてはやしたため、コロナ感染者の入国を止められず、日本の観光ビジネスは大打撃を受けた。台湾の対応と好対照をなす（2015年10月4日撮影）。
写真：Natsuki Sakai/アフロ

サイル防衛システム・THAAD《サード》を設置した。あくまで北朝鮮向けのものだが、中国がこれに反発。43件もの報復措置の一つが中国人旅行客のコントロールで、中国は韓国への団体旅行を禁止。韓国経済に大打撃を与えた。

中国にいじめ抜かれている台湾は、2016年五月、民進党の蔡英文《さいえいぶん》が総統に就任すると、中国から台湾を訪れる観光客の数が36％減少した。当然、中国当局からの指示だ。さすがの台北の旅行関係者も「中国に配慮してくれ」と抗議デモを行っている。ここで蔡英文が強かったのは、**中国以外の観光客を誘致して**経済的な打撃を減じようとしたことだ。

一方、武漢でコロナが流行し始めていたにもかかわらず、安倍首相（当時）は「春節休みにはぜひ日本へ旅行に来てください」と中国人観光客を歓迎するメッセージを公開して批判を浴びた。

「対中依存度が高いから中国に逆らえない」と嘆くのではなく、「対中依存度を下げながら、利益を維持しよう」という政策は、中国に経済の首根っこを押さえられている各国が見習うべき姿勢だろう。

## 12

# 「アメリカこそどうなんだ」と言う人は、中国の人権状況に沈黙する

中国共産党の工作の危険性を指摘すると、よく言い返されるフレーズがある。「じゃあアメリカの行いはどうなんだ」と。アメリカだって圧力をかけて、オーストラリアや日本を自国に都合のいいように動かしているじゃないか、というわけだ。特に欧州や豪のリベラル派は、アメリカに付き合わされてイラク戦争やアフガン戦争に協力した過去を苦々しく思っているため、こうした主張になりやすい。

さらにトランプ政権下のアメリカでは、２０２０年に警察官が黒人容疑者を、過剰な取り締まりで死に至らしめる事件が多発。人種対立が噴出し、各地で暴動や衝突が起きた。「香港警察のデモ隊に対する暴力を問題視するが、アメリカこそどうなんだ」――。中国共産党とその擁護《ようご》者にとって、アメリカ国内で深まる分断は民主主義国の人権状況に疑問を投げかけ、中国の人権抑圧への批判を封じる好機である。

この「**そっちこそどうなんだ主義**（whataboutism）」を中国共産党がオーストラリア攻撃に利用した事件が、２０２０年11月末に起きた。アフガン戦争で豪軍が不法な殺害を行ったのではないかとする豪国防省のレポートが公表されると、中国外交部の趙立堅《ちょうりつけん》報道官が、オーストラリア兵がアフガニスタンの子供に血のついたナイフを突きつける合成画像をツイート。「オーストラリア兵によるアフガニスタンでの市民や捕虜殺害の事実にショックを受けている。こうした行為を強く非難し、責任を取るよう求めていく」と付け加えた。

偽《フェイク》画像を使った攻撃に、豪側は事実と異なる中傷だと激怒し撤回と謝罪を求めたが、中国外交部の華春瑩《かしゅんえい》報道官は「画像はあくまで豪報告に基づく〝イラスト〟。オーストラリアの真の目的は人目をそらし、中国から事実と真相を言う権利を奪うことにある」

-Don't be afraid，we are coming to bring you peace! -

2020年11月、中国外交部の報道官がツイッターにアップした、オーストラリア兵がアフガニスタンの子供の首に血のついたナイフを当てている合成のフェイク画像。モリソン首相は激怒し謝罪を要求したが、中国はまともに取り合わなかった。

と突っぱねた。強気な反撃は「戦狼《せんろう》外交」を象徴する態度だった。

香港民主派への弾圧や、ウイグル自治区の「強制収容所」の存在を「人権侵害」と批判される中国共産党が、「お前たちこそどうなんだ」と強く反撃に出たわけだ。

だが西側諸国に問題があったとしても、中国共産党の人権弾圧が許されることにはならない。民主主義国では、自国政府の過ちを批判する**言論の自由**があり、**選挙**によって間違った政治指導者を交代させることができる。オーストラリア政府は自国兵士の誤った行為を認め、実際に対処した。しかし中国共産党の政治体制は、党を守るためなら人権は無視され、習近平批判は罰せられ、海外での中国批判さえ封じられようとしている。両者を同列に並べて比較できるものだろうか。

反米意識で「アメリカこそどうなんだ」と責める人々は、「**中国は仕方ない**」と批判を抑制する傾向があるが、なぜ人権の二重基準《ダブルスタンダード》が許されるのか、考え直すべきだろう。

# 反米意識・反トランプを狙われ、カネで落とされる各国政治家

オーストラリアが中国共産党に狙われたのは「アメリカの同盟国の中で最も弱い鎖」だと見なされたからだが、他の同盟国でも中国の影響力は日増しに強まっている。

アメリカの隣国、カナダでは、親中エリートの分厚いネットワークが作られ、中国系富豪から政治家への**多額の献金**が行われている。その代表がジャスティン・トルドー首相だ。中国系富豪宅で政治資金パーティーを開き、別の富豪には父親の銅像をモントリオール大学に建ててもらい、父親の名前を冠した慈善財団に20万ドルの寄付を受けた。ここまで露《ろ》骨《こつ》なケースも珍しい。中国系カナダ人の政治進出も進み、国の情報機関トップが「二つの州の閣僚が外国政府の影響下にある」と警告した。

ＥＵ各国では、中国共産党と、各国の政党との交流（党間外交）が盛んだ。中国共産党は右翼とも左翼ともつながりが深い。２０１７年に中国が主催した「中国共産党と世界の政党指導層との対話」会議にはアメリカ共和党からも参加があり、代表者たちは習近平を高く評価する「北京イニシアティブ」に合意した。

米大統領ジョー・バイデンの息子、**ハンター・バイデンの中国ビジネス**も報じられている。２０１３年12月、当時のバイデン副大統領の中国訪問に、息子も副大統領専用機で同行するとすぐに、彼の会社（２０１３年６月にジョン・ケリーの妻の連れ子を含む２人の実業家と設立）はその分野での経歴が乏しいにもかかわらず、中国政府が所有し共産党が管理する「中国銀行」を筆頭株主とする「ＢＨＲパートナーズ」というファンドを開設した。専門家によればハンターの持つ株式は約２千万ドルの価値があるという。バイデンだけでなく、トランプの娘であるイヴァンカ・

カナダのジャスティン・トルドー首相は中国系の献金者と深い関係にあることが報じられている。2013年にはある献金者に、中国の独裁政権は物事を進めることができる点が素晴らしいと打ち明けていたという（2020年4月11日撮影）。
ロイター＝共同

トランプ、その夫であるジャレッド・クシュナーも、中国とビジネスを行っている。

　これらが米中外交に直接、影響するわけではないが、有力者の家族をビジネスや友好の名のもとに籠《ろう》絡《らく》し、影響力を及ぼそうとするのも中国共産党の戦略のひとつである。アメリカ政界で中国から最も〝工作〟されているのは、父子で大統領を務めた政治家一族の**ブッシュ家**だ。現在の中国の狙いはブッシュ（子）大統領の三男、ニールに定められている。ニールは「中国の指導者は人民への配慮によって動いている」と発言するなど、ほとんどプロパガンダ要員と化している。

　EU各国では、ビジネスを中心とした「友好クラブ」を中核に、中国との関係を深めている。イギリスの「48グループ」、フランスの「フランス中国財団」、ドイツの「中国経済協力センター」など、こうした組織とそこに連なる人々の「交流」が行われ、「一帯一路支持」などを打ち出している。

　ドイツではルドルフ・シャルピン元国防相が、「その中国への愛は目に見えるほどだ」と評される貢献により、中国共産党から褒章《ほうしょう》された。アンゲラ・メルケル大統領も、ドイツの5Gネットへのファーウェイ導入を決めた。フランスのジャン＝ピエール・ラファランが首相在任中の2005年には、「中国が『反国家分裂法』に基づいて台湾を力で併合するのは完全に正しい」と発言した。

NATO本部のあるブリュッセルも、ベルギー諜報機関によれば中国人スパイの活躍する「チェス盤」になっているという。あるイタリアの学者は日本で行われたシンポジウムで「一帯一路の何を恐れる必要があるのでしょうか。単なる物流網でしかないのに」と述べて聴衆を驚かせたが、中国の軍事的圧力を受ける可能性が低い、地理的に中国から離れた欧州各国にとって、中国の軍事的脅威は感じ取りにくいのだろう。

中国は自らを国際秩序を主導する多国間主義の守り手だとアピールし、「一国主義」のアメリカと自らを対比させながら、各国の支持を得ようとしている。各国の**反米意識**に訴えて、中国への好意を増大させようというわけだ。

さらには国連、WHO、インターポール（国際刑事警察機構）、赤十字などの国際機関へ、中国人職員を送り込んでいる。同時に、こうした国際機関から台湾を排除する動きも強めている。

国際機関への影響力で最も特筆すべきはインターポールの事例だろう。2016年、中国人の孟宏偉《もうこうい》が事務総長に就任した。案の定というべきか、翌年に「世界ウイグル会議」の会長でウイグル出身・ドイツ国籍のドルクン・エイサがイタリア警察に拘束された。国際手配を出していたのは中国で、要請を受けて逮捕したという。

インターポールは2018年にドルクン・エイサの逮捕状を取り消したが、こうした事例はまさに「国際社会全体が中国化し、中国の意志を世界に広げている」ことを象徴するものだ。中国のウイグル族への迫害は、近年、世界中で知られるようになったが、中国共産党が言う「**中国的特色のある人権**」によれば、ウイグル政策は「善」なのだ。そもそもの人権意識が全く違う。

中国にとっての「法治」とは、中国共産党の意の

2020年8月20日の民主党全国大会にビデオ出演し、父について話すハンター・バイデン。2017年、ハンター経営の投資会社に中国企業から1100万ドルの資金提供を受け、2・8カラットのダイヤモンドを贈られた件で連邦検察の税務調査を受けている。
Democratic National Convention v ／ DPA ／共同通信イメージズ



ままに法が決まることを意味する。民主主義国家では、どんなに政治的に強い権力を持っていても、法に反すれば逮捕される。しかし中国はそうではない。中国共産党批判はご法度《はっと》で、習近平批判は処罰され、反体制派は分離活動を行うテロリストなのだ。

アメリカは2013年にオバマ大統領が「世界の警察をやめる」と述べ、トランプ前大統領も一国主義を貫いてきた。確かにアメリカの国際社会への関与がすべて正しかったわけではない。だが少なくともアメリカを批判することは許されているし、アメリカ政府を批判しただけで国際指名手配を受けることはない。

一方、中国が「世界の警察」になれば、中国共産党への批判は、地球上のどこでも許されなくなる。「一帯一路」は、こうした**中国共産党的価値観を広げる**戦略で、単なる物流網や貿易圏拡大、インフラ輸出の話ではない。

カネや「反米意識」に気を取られて中国を持ち上げると、手痛いしっぺ返しをくらうことになる。

# 14 国連の「中国化」が止まらない

外国の世論を中国に有利なように変化させるため、まず周辺部や地方に侵入し、最後に中央や都市部を動かしていく中国共産党の戦略は、国際社会でも実践されている。

外堀を埋めて、中央を落とす。影響力が小さくてあまり目立たず、抵抗の少ない周縁部の組織を味方につけてから、より大きく力のある中心の組織を侵食していく。それが外国、国連組織、国際社会を問わず、中国の共通戦略となっているのだ。

中国はアフリカ諸国など発展途上国への投資を重点的に行い、味方になるよう工作してきた。たとえば一帯一路構想に、「中国の友人」となった途上国は率先して賛意を示してきた。

**国際社会の中央にあたるのが国連だ。**まだ「中国人事務総長」こそ誕生していないが、国連の15の専門機関のうちFAO（食糧農業機関）、ITO（国際電気通信連合）、ICAO（国際民間航空機関）、UNIDO（国連工業開発機関）の4機関で中国人がトップを務めている（米英仏はそれぞれ1機関だけ）。欧米諸国があまり力を入れなかった分野に人員を送り込み、発言力を強めている。

また国連にはG77（グループ・オブ・77）という、発展途上国の利益を代表する組織がある。1964年に設立され、現在は134か国が参加しているが、中国は早くからG77に近づき、国連機関で中国寄りの発言や動きを取るよう操ってきた。

アメリカの国連拠出金分担率が下がるにつれ、中国の存在感は増し、たとえば国連経済社会局は一帯一路を「中国ではなく世界全体のもの」と位置づけて推進し、国連開発計画が国連機関として初めて「一帯一路構想覚書」に署名するなど、じわじわと浸透している。

2014年6月14日、ボリビアのサンタクルスで、G77創立50周年を記念して開催された「G77＋中国サミット」のオープニングセレモニーを前に、ボリビア大統領エボ・モラレスと会話する陳竺（ちんじく）全国人民代表大会常務委員会副委員長（肩書は当時）。
提供：Bolivian Information Agency/AP/アフロ

その影響は大きい。経済社会理事会のＮＧＯ認定委員会を通じ、**気に入らないNGOの登録を阻止**してきた。例えば「ジャーナリスト保護委員会」の認定を4年も阻止し、ドイツに拠点を置く「被抑圧民族協会」の諮問《しもん》資格を剥奪《はくだつ》しようとしたほか、ウイグル人や台湾人の出入りを厳しく禁じている。また、欧米人でも一時期台湾メディアで働いていたというだけで、カナダ人ジャーナリストがＩＣＡＯ総会の取材を拒否されている。

中国は「アメリカ第一主義」の向こうを張り、自らを「多国間主義の守り手」であるとアピールする。だが真の狙いは「中国共産党の価値と相《あい》いれない国際社会のメカニズムをそぎ落とす」ことにある。

中国は「西洋的人権」や「報道の自由」を拒否し、中国式人権や価値観に置き換えようとしている。個人の自由や権利を制限し、**国家の秩序と利益を優先**してこそ人権は守られるとする考え方だ。こうした思想が国連に浸透すれば、「多国間主義」は単なるお題目となり、中国式全体主義が自由と人権の普遍的価値に取って代わるだろう。

# 15 中国との「貿易協定」に気をつけろ！

2013年、オーストラリアの貿易相だったアンドリュー・ロブは、就任するや「中国との自由貿易協定の締結」を宣言した。部下の官僚たちは抵抗し、国内に反対意見も多かったが、ロブは「締結が遅れれば、中国は交渉から去る！」と警告を発し、少しでも疑念を示した人物には猛抗議したという。

オーストラリア貿易組合委員会は、協定締結で中国からの労働移民がオーストラリアの雇用を奪うのではないかと懸念し、労働党も疑念を表明したが、〝北京《ベイジン》ボブ〟ことボブ・カーが会長を務める豪中関係研究所など「中国の息のかかった」組織が世論工作を行い、「オーストラリアにとって大成功となる」など楽観的な意見を拡散した。

それが功を奏し、国内雇用を確保すべきという意見は「外国人恐怖症、人種差別的な活動」とレッテルを貼られ、封じられてしまった。**中国共産党批判が中国人批判**に置き換えられる、いつものパターンだ。

また、中国輸出入銀行の頭取は「オーストラリアの労働力はコストが高すぎる。中国人労働者が問題を解決できる」との見解を示し、貿易協定締結を後押しした。「日本の労働者は生産性が低すぎる」とはよく聞かれるが、他人ごとではない。

結果、連邦議会を通過した自由貿易協定法案は、オーストラリアのすべての党に対し、中国から訪れる労働者の数にいかなる制約も求めず、あらゆる労働市場における規制をも禁じるよう、明記された。

つまり、**門戸開放をさせられたのはオーストラリアだけ**で、多くの分野、特に中国共産党の戦略上重要なインフラ、エネルギー産業への中国からの投資が流入した。利益のほとんどは中国にわたり、オーストラリアが得る利益はないに等しい、と分析する専門家もいるほどだった。

2014年11月17日、キャンベラで習近平主席とオーストラリアのトニー・アボット首相が見守る中、自由貿易協定に調印し握手するアンドリュー・ロブ貿易相と高虎城（こうこじょう）商務相。ロブ貿易相は短兵急に協定を妥結させた。
写真：AFP＝時事

もちろん中国共産党は、貿易協定を経済目的だけで結んだわけではない。経済依存度が高まれば、「貿易を使って圧力をかける」中国のやり方がより効果的になる。

さらに別の狙いもある。2000年以降、中国が貿易協定を締結したのはASEAN諸国、シンガポール、ニュージーランド、オーストラリア、韓国で、要するにアメリカの同盟国ばかりだ。アメリカの同盟国の輪に割って入り、**同盟関係にくさびを打ちこむ**ことが最大の狙いなのである。

アンドリュー・ロブの活動資金管理団体には中国系富豪から合計10万ドルの献金があり、うち5万ドルは自由貿易協定の締結日に振り込まれたと報じられた。協定締結の直後、ロブは政界を引退し、複数の**中国企業で仕事を得た**。そのうち、ダーウィン港の「99年レンタル」権を持つ嵐橋集団は、彼に年俸として88万ドルを支払っている。アンドリュー・ロブはオーストラリアの労働者、さらには国家の安全保障まで、自らのために売り飛ばしたと言われても仕方がない。

# 16 軍民融合企業の象徴・ファーウェイが世界をリードする

「軍民融合」とは、2012年の全人代で習近平が発した軍と民間企業の協力を促進する国家戦略のことで、中国通信機器大手のファーウェイはその象徴的存在と言える。

ファーウェイ製品はスマートフォンから電気自動車まで、通信を必要とするあらゆる電化製品に組み込まれている。普及の勢いの速さで世界標準規格の地位を占めるかと思われたが、2018年に本格化した米中貿易戦争で、アメリカは政府系施設・機器からファーウェイ製品の排除を決定。欧州各国にも同調するよう求めた。

なぜ、世界的にファーウェイ排除の動きが強まっているのか。この企業の実態を知れば、遅すぎたほどだった。

ファーウェイを創業し、現在も同社CEO（最高責任者）を務める任正非《じんせいひ》は人民解放軍研究機関の出身。現役時代には諜報部門向けの通信関連の研究を手がけ、解放軍信息工程大学という軍直属の情報技術研究機関の学長も務めていた。毛沢東を尊敬し、「人民戦争理論」などの毛思想を経営に取り入れているという。

軍の仲間6人と会社を立ち上げ、小型の電話交換機や火災報知器の製造を開始、のちに無線通信機を扱うようになる。2018年、カナダで拘束されたファーウェイCFO（副会長兼最高財務責任者）の孟《もう》晩舟《ばんしゅう》は彼の娘である。ここでの容疑はイラン制裁問題に絡む銀行詐欺だったが、これも「ファーウェイ排除」の象徴的事件だった。

前会長の孫亜芳《そんやほう》は国家安全部、つまりアメリカCIAにあたる機関の出身であり、中国共産党とはもちろん、出身母体の**人民解放軍と切っても切れない**関係にある。国有企業ではないが、政府からの支援

オーストラリアの諜報機関はファーウェイが中国軍のサイバースパイ機関・人民解放軍総参謀部第三部と関係がある「信頼に足る証拠」があると警告してきた。共同通信のインタビューに応じ「10年以内に6G実用化」と語る華為技術創業者の任正非CEO。
2019年10月16日広東省深圳（共同）

を受けて巨大企業に成長した。

ファーウェイは最新の通信規格「５Ｇ」技術で先頭を走り、世界標準のワイヤレスインフラを築こうとしているが、こうした最新通信技術が人民解放軍の軍備やサイバー諜報に貢献していることは疑いの余地がない。同社には中国共産党の諜報員が勤務してさえいる。まさに**「党民融合」「軍民融合」**の象徴的存在だ。

２０１２年10月、アメリカ連邦議会はファーウェイが中国政府とその諜報機関に近い関係にあるとの報告書を発表。ファーウェイが政府から**特別な援助**を受けており「セキュリティ上の脅威となっている」と指摘した。

組織ぐるみの情報窃取《せっしゅ》の前科もあり、長年ライバル企業から批判されてきた。２００２年～03年にファーウェイのスウェーデンオフィスで契約エンジニアとして勤務したロバート・リードは「彼らは技術を盗むことに全精力を傾けていた」と語る。職員が他企業の知的財産情報を盗むと、その情報の価値に応じてボーナスが支払われる仕組みさえあるという。

03年1月、米シスコシステムズは同社のソフトウェアとマニュアルをコピーしたとして、ファーウェイを訴えた。シスコは裁判で「彼らはシスコのユーザーマニュアルの全てを一語一句変えずにコピーした」と述べた。コピーがあまりにも広範囲になされたため、ファーウェイはうっかり、シスコのソフトのバグもコピーしていた。

ファーウェイの人事担当マネジャーだったチャド・レイノルズは裁判文書で「ルーターに含まれていたかなりの数のありふれたバグを修正するまで、ファーウェイはルーターを出荷できなかった」と述べた。窃取の発覚を恐れたからだ。

この件に詳しい人物によると、シスコのマーク・チャンドラー法務顧問は任正非と対峙するため、窃《せっ》盗《とう》行為の証拠を持って深圳《しんせん》に行った。その中には、シスコのマニュアルのタイプミスが、ファーウェイのマニュアルにそのまま残っている証拠があった。任氏は無表情で話を聞き、**一言「偶然だ」と返答**したという。

ファーウェイは結局、シスコのルーターソフトの一部をコピーしたことを認め、04年7月に和解した。

ファーウェイは批判を避けるため、周到な対策も講じている。第一に顧問や理事に現地社会の有識者・有力者を招き入れることだ。彼らが「私を要職に据えたからには、ファーウェイは害をなす意図がないに違いない」と発言させ、警戒心を解く一助とするわけだ。第二に現地の有名スポーツチームやイベントに多額のスポンサー料を支払うことだ。日本でもプロ野球のソフトバンクホークスが2016年から契約し、イメージ向上に一役買っている。

さらに同社はオックスフォード大学やマサチューセッツ工科大学など、欧米の有名大学に寄付を行い、共同研究やセミナー共催などの人材交流を通じて知的財産を窃盗するチャンネルを作っている。オーストラリア保安諜報機関（ASIO）はファーウェイに「スパイリスクあり」と指摘したが、ファーウェイは2016年、オーストラリアのニューサウスウェールズ大学と合同プロジェクトを立ち上げ、**政府基金から補助金**を受けた。

2018年、カナダで孟晩舟ファーウェイ副会長／最高財務責任者が逮捕されると、中国はカナダ人ビジネスマン2人を拘束、カナダ産大豆、キャノーラ、豚肉などの輸入を停止した。写真は2020年5月27日にバンクーバーの裁判所を出る孟晩舟副会長。
ゲッティ＝共同



また、中国で行われる科学技術プロジェクトへの渡航費の負担も、「ファーウェイ擁護《ようご》者」を育てている。各国の技術者や研究者は、同社に招待され、渡航費を負担してもらい中国へ赴《おもむ》く。オーストラリアの元貿易相、アンドリュー・ロブは、国家ブロードバンドネットワークからファーウェイ製品を排除するという政府の決定を「完全に機能不全に陥《おちい》った政府の、最新の不器用で挑発的で素人的なエピソード」と猛反発したが、ロブはファーウェイが**全額を負担する**「本社見学ツアー」に参加していたことが判明している。

2011年には、オーストラリアの国会議事堂のネットワークが中国にハッキングされ、連邦議員のメールの内容が一年近くダダ漏れになっていたという。豪国会議員のなかには、ファーウェイからプレゼントされたスマートウオッチを常に身につけ、通信可能な状態のまま議事堂内を歩き回っていた無警戒な者もいた。

中国企業への警戒を忘れてはならない。

# 17 グローバル金融は中国共産党の格好の餌食

資金力と宣伝力を使って批判を封じ、国境を越えて無尽蔵に成長する。欧米の世界的グローバル企業のやり方は、実は中国共産党が世界的に影響力を強める方法とよく似ている。

国境の枠にとらわれず、並みの国家予算よりもはるかに大きな財力を持つ巨大金融企業は、道徳や思想を考慮することなく中国共産党と「ウィンウィン」の関係を築く、利害関係まで一致した存在だ。そのため中国の「友人」、さらに「同志」にさえなりやすい。

こうした実態に危機感を抱いたトランプ政権、中でも国家通商会議のトップに就任したピーター・ナヴァロは、ウォール街の銀行家とヘッジファンド・マネージャーのグループが中国側との「**シャトル外交**」に自ら従事し、ホワイトハウスが北京の要求に従うよう、多大な圧力をかけてアメリカの貿易交渉を妨害している、と非難した。自国の金融エリートが中国の代弁者としてふるまうのに警告を与えたのだ。たとえばトランプ一家に極めて近い友人で大統領諮問《しもん》会議のトップだったスティーブン・シュワルツマンは、CEOを務める投資会社ブラックストーンを通じて**中国に最強のコネ**を持ち、巨額の利益を得ていた。

ゴールドマン・サックスも中国と深い関係がある。改革開放後、「13億人の巨大市場」に目のくらんだ金融マンの中で、ゴールドマン・サックスは2003年、「中国の主要国有企業の最大の証券引き受け業者」となった。その影響か、ゴールドマン関係者は、中国を利する言動を重ねた。同社CEOからブッシュ(子)政権の財務長官に就任したヘンリー・ポールソンは、当時北京市長だった王岐山《おうきざん》の親友で、WTO違反を繰り返す中国を擁護《ようご》し続けた。その「努力」が認められたのか、胡錦濤国家主席と一対一の非公式謁見《えっけん》

郵 便 は が き

63円切手を
お貼り
ください

1010003

東京都千代田区一ツ橋2-4-3
光文恒産ビル2F

(株)飛鳥新社 出版部 読者カード係行

| フリガナ | 性別 男・女 |
| --- | --- |
| ご氏名 | 年齢 歳 |
| フリガナ | |
| ご住所〒<br>TEL ( ) | |
| お買い上げの書籍タイトル | |
| ご職業 1.会社員 2.公務員 3.学生 4.自営業 5.教員 6.自由業 7.主婦 8.その他 ( ) | |
| お買い上げのショップ名 所在地 | |

★ご記入いただいた個人情報は、弊社出版物の資料目的以外で使用することはありません。

このたびは飛鳥新社の本をご購入いただきありがとうございます。

今後の出版物の参考にさせていただきますので、以下の質問にお答え下さい。ご協力よろしくお願いいたします。

■この本を最初に何でお知りになりましたか

1.新聞広告（　　　　　　新聞）
2.webサイトやSNSを見て（サイト名　　　　　　　　　　　）
3.新聞・雑誌の紹介記事を読んで（紙・誌名　　　　　　　　）
4.TV・ラジオで　5.書店で実物を見て　6.知人にすすめられて
7.その他（　　　　　　　　　　　　　　　　　　　　　　　）

■この本をお買い求めになった動機は何ですか

1.テーマに興味があったので　2.タイトルに惹かれて
3.装丁・帯に惹かれて　4.著者に惹かれて
5.広告・書評に惹かれて　6.その他（　　　　　　　　　　）

■本書へのご意見・ご感想をお聞かせ下さい

■いまあなたが興味を持たれているテーマや人物をお教え下さい

※あなたのご意見・ご感想を新聞・雑誌広告や小社ホームページ上で
1.掲載してもよい　2.掲載しては困る　3.匿名ならよい

ホームページURL http://www.asukashinsha.co.jp

右はブラックストーン CEO でトランプ大統領の戦略政策フォーラム議長を務めたスティーブン・シュワルツマン（2019 年 9 月 25 日撮影）。左は元ゴールドマンサックス CEO から米財務長官を歴任したヘンリー・ポールソン（2008 年7月撮影）。
ＵＰＩ／ニューズコム／共同通信イメージズ（右）ＵＰＩ＝共同（左）

を認められた。

ゴールドマン・サックスの中国進出を主導したジョン・ソーントンは会長退任後、精華大学の役員に就任し、米中のトップ企業の取締役を歴任している。

中国共産党幹部の子息を「太子党《たいしとう》」と呼ぶが、ゴールドマン・サックスは彼ら彼女らを社員として入社させ、中国共産党から便宜《べんぎ》を得ている。この「**子息プログラム**」は、ＪＰモルガンやメリルリンチ、モルガンスタンレーなどの他の金融企業も取り入れている。

アメリカの金融エリートは「中国が豊かになれば共産主義を捨てて民主化するだろう」と楽観視してきた。その結果、中国は中共体制のまま成長し、10年以内にアメリカ経済に**追いつき、追い越す公算**だ。

中国の狙いは、上海がウォール街やロンドンのシティを凌駕《りょうが》して世界一の金融都市となることだ。当然、デジタル人民元を使って「米ドル基軸体制」にも挑戦する。チャイナマネーに目がくらんできた欧米系金融企業は、いずれ母屋《おもや》を乗っ取られるだろう。

# 18 中国企業はすべて共産党組織である

中国には、厳密な意味での「民間企業」は存在しない。すべての企業内に中国共産党によるマネージメントと指導を行う党組織があるからだ。国営／国有企業はもちろん、民営企業であっても、企業内の党委員会が企業幹部の任命や解雇を行い、取締役会議長は党委員会の書記が務める。

習近平は国営企業を「党の決定を実行する重要な力」と位置づけるが、非国営企業の立場も実質的に同じで、党委員会の監視のもと、中国共産党に不利益な行為を行わないよう気をつけながら経済活動をしている。

いまでは中国という国自体が、**党と軍と企業**のコングロマリット（複合企業体）になっている。「軍民融合」以前から、この三つは一体となって、中国共産党の世界目標実現に協力してきた。

中国共産党は、自らの政治的、戦略的意向に基づいて全企業をコントロールできる。共産党の意に沿わない商売や経済活動は不可能に近い。世界的企業になったアリババのジャック・マーですら党には逆らえない。2020年に「党のデジタル通貨への取り組みは遅れている」と述べたことで当局の怒りを買い、グループの金融会社アントの香港・上海市場上場が**直前で取りやめ**になった。マー自身も党員で、「天安門事件での当局の対応は正しかった」とまで語り、党に忠誠を誓っていたのだが……。

企業への党の介入は、自由な経済活動や成長を阻害しかねない一方で、企業側にもメリットはある。党委員会の政治的なコネで、汚職にまみれた官僚制度を迂回《うかい》できるからだ。

それでもなお「民間企業内の共産党組織は単なる形式的な役割しかない」と見る西側の財界人や経済評論家は多い。事実は逆である。党の指示に従わな

2020年11月、馬雲（ジャック・マー）のアリババ傘下アント・グループの新規株式公開（IPO）が突然中止となり、当局は12月、独占禁止法違反でアリババグループの調査に着手したと発表した（杭州2012年9月9日撮影）。
新華社／共同通信イメージズ

い大企業のCEOは資産を没収され、トラブルに巻き込まれる。2017年の「国家情報法」は、全ての中国市民と組織が「国家情報工作」に協力し、あらゆる指示に従うことを義務づけた。海外で事業を展開するファーウェイのような中国企業は中国諜報機関を支援しなければならない、と中国の**法律で正式に規定**されたのだ。

　中国の改革開放政策は、政府の撤退を意味しなかった。市場の力はたしかに広がったが、一党独裁国家の力を弱めたわけではない。実際のところ、中国共産党とその政府の権限は、市場の力のおかげでこれまで以上に強力になっている。

　2016年11月、世界の工業先進国は中国に対し、WTO（世界貿易機関）で「市場経済」国のステータスを与えるのを拒否した。自由市場の行動基準から外れる中国の動き——通貨操作、ダンピング、政治的な理由による輸入品の処罰、外国企業への障害など——を指してのことだが、この決定を重く見るべきだろう。**中国企業と中国共産党は不可分**であり、企業は党の意向から逃れることはできないからだ。

## 19

# 「7つの手段」で相手国を思い通りに動かす中国共産党

中国共産党は外国政府とのやりとりでもあらゆる手段で圧力をかけ、自国に有利な状況を作り出そうとする。もちろんどの国の政府も、自国になるべくいい条件を求めて交渉するが、中国共産党のやり方はえげつない。アメリカ外交問題評議会の専門家によると、その手段は①貿易 ②投資 ③経済統制 ④サイバー空間 ⑤援助 ⑥金融 ⑦エネルギーの7つの政策領域に及ぶ。

中国経済の規模が大きくなり、世界中の国や地域が中国経済と密接にかかわるほど、効果がある。中国は関係を深める時には「ウィンウィン」と双方に利益があるように喧伝するが、実際には「経済的利益を与えてやるから、中国を批判するな、内政に口を出せばどうなるかわかっているな」と圧力をかけている。つまり、中国共産党の国家戦略に貢献すれば経済的利益が与えられ、反すれば処罰されるので、「**中国マネーに口をふさがれる**」状況なのだ。

中国の反体制作家、劉暁波《りゅうぎょうは》が2010年にノーベル平和賞を授与されると、北京は中国市場でのノルウェー産サーモンのシェアを大きく減らして報復した。外交関係は凍結され、オスロ政府は4年後にダライ・ラマがノルウェーを訪問した際に首相が面会を拒否し、その後、**中国に対して謝罪**した。

2012年、中国の港でフィリピンバナナのコンテナ150個が野ざらしにされ、腐ったまま放置された。これはフィリピンが南シナ海・スカボロー礁に侵入した中国漁船を非難する声明を出したことへの「懲罰《ちょうばつ》」だった。

2020年、新型コロナウイルスの発生源の独立調査を要求したオーストラリアへの報復措置として、中国政府はオーストラリア産の石炭と大麦、銅鉱石・精鉱、砂糖、木材、ワインなど、少なくとも7種類

中国の民主化・人権運動に参加し国家政権転覆扇動の罪で服役中に、2010 年ノーベル平和賞を受賞した作家・劉暁波と妻の劉霞氏。当局は妻を自宅軟禁し授賞式出席を阻止。劉暁波が肝臓がんを患うと、当局は末期まで治療の仮釈放を認めず、2017 年 7 月に亡くなった。
提供：Liu Xiaobo family/ ロイター / アフロ

の商品の購入を停止するよう指示した。

国内業者から「どうにかしてくれ」「商売あがったりだ」と責められれば、政府は対策を講じないわけにいかない。民主主義国では国民の明日の食《く》い扶《ぶ》持《ち》に差しさわるとなれば、政権支持率に影響する。正論でも引っ込めて**中国との商売を優先**しなければならなくなる。

一方、こうした手法で中国にいいように喰い物にされてきたアフリカでは不満が爆発しつつある。早くも2007年、ザンビアの野党党首、マイケル・サタが本質を突く発言をした。

「われわれは早く中国に出ていってもらい、古い植民地時代の支配を回復してほしいと願っています……少なくとも西洋の資本主義には人間の顔が見えますが、中国のそれはわれわれの収奪しか考えていないから」

奪われるのはカネだけではない。中国共産党に立ち向かい、自国や国際社会を守るにはどうすればよいか、目の前の経済的利益にとらわれず、**長い目で考える力**を各国とも失いつつあるのだ。

## 20 ダライ・ラマに会うと経済制裁を受けて対中輸出が減らされる

中国はダライ・ラマを招待しようとする外国のあらゆる動きに、過剰すぎる反発を見せる。講演会や政府高官との会談をなんとしてもつぶそうと、ありとあらゆる強硬手段に出る。

ある研究によると、外国政府の首脳がダライ・ラマに会うと、その国の対中輸出が8%下落する恐れがあるという。一体何の関係が、という怪奇現象や都市伝説のようだが、中国が輸出をコントロールし、相手国に貿易・経済的打撃を与えることで、「ダライ・ラマを招くとこうなるぞ」と世界に示しているのだ。

中国共産党が絶対に許さない「五毒」がある。①ダライ・ラマ（チベット独立）②台湾の独立 ③ウイグルの独立 ④法輪功 ⑤民主化運動。さらには「中国が絶対に許さない3つのT」（チベット、台湾、天安門）というのもあるが、いずれにせよチベット問題は**中国共産党の最重要関心事**だ。

オーストラリアでは2002年のジョン・ハワード首相を筆頭に、08年、09年のケビン・ラッド首相、12年のジュリア・ギラード首相がダライ・ラマとの会談を拒否し、中国公式メディアから「賞賛《しょうさん》」された。日本の首脳もダライ・ラマに会うことはないが、南アフリカ、デンマーク、ノルウェー、スコットランドのほか、フランシスコ教皇までもがダライ・ラマとの会談を断った。中国の圧力は成功を収めている。

なぜ中国はダライ・ラマを恐れるのか。分離独立派の象徴的存在であるだけでなく、**中国共産党と異なる価値観**を持ち、そのリーダーを信奉する人々の存在自体が許せないので、ダライ・ラマを国際的に認めることになる各国首脳との会談が許せないのだ。

中国共産党にとってダライ・ラマは、チベット仏教というオブラートに包んだ「ソフトパワー」を行使して反中思想を国際社会に振りまき、チベットの

2008年5月、ロンドンの国会議事堂でチベットの亡命指導者ダライ・ラマと会談する英保守党のデビッド・キャメロン党首。キャメロンは英首相となった2012年5月にもダライ・ラマと会談し、中国は猛反発、もう会わないと約束して自らの訪中を実現させた。
写真：AP/アフロ

独立を画策《かくさく》する悪魔に見えているようだ。

こうした中国の圧力を振り切ってダライ・ラマと面会した勇気あるリーダーもいる。ボツワナのイアン・カーマ大統領はダライ・ラマとの会談に合意し、中止せよと圧力をかけてきた北京に対し「我々はあなた方の植民地ではない」と述べた。一国の大統領が誰と会うか、他国が注文をつける筋合いはないというのである。

しかしイギリス首相のデビット・キャメロンは2012年にダライ・ラマとの会談後、中国の猛反発を受けて反省し、**再度の会談を断って**北京に秋波《しゅうは》を送るようになった。

さらに情けないのは北京の考えを忖度《そんたく》し、沈黙してよろしくやろうとする国々だ。日本政府もダライ・ラマに会わないだけでなく、台湾の李登輝《りとうき》元総統の訪日を何度も妨害してきた過去がある。ダライ・ラマは「なんでも中国とのカネの話。道徳観念はどこへ行ったのだろう」と嘆《なげ》いたが、**中国の懲罰はますます効果的**になるばかりだ。

# 21 「西洋病」の罹《り》患《かん》を防ぐ中国「7つの大罪」はこれだ！

中国共産党員はもちろん、中国国民、そして中国と良好な関係を結びたい海外在住の華僑には、重んじることを禁じられた「7つの西洋的価値観」がある。

①西洋立憲民主主義　②普遍的価値（人権、自由）③市民社会　④新自由主義　⑤報道の自由　⑥歴史的冷笑　⑦社会主義に対する疑念

いずれも人類が歴史的に獲得してきた「人間が人間らしく、よりよく生きる」ための価値と知恵だが、中国共産党にとっては自らの権力基盤、存続を脅《おびや》かす「**7つの大罪**」でしかない。

習近平の中国共産党は、全人民にこれらを禁止し「西洋病」にかからないようにしている。民主主義、自由主義、人権など、本当は西洋に限定されない普遍的価値を敵対イデオロギーと見なし、国内、あるいは海外留学生への浸透を警戒している。

中国共産党を擁護《ようご》する人々は「この期《ご》に及んで、冷戦思考で中国を見るのはおかしい」と口々に言うが、実は今も**バリバリの冷戦メンタリティ**でイデオロギー闘争をしている国こそ、中国なのである。

中国は「攻撃こそ最大の防御」として、共産党のイデオロギーを拡散している。表向きは「国際秩序を民主的で、多様で、開放的なものにしていく役割を担いたい」と言うが、実際には「海外から反共産党的イデオロギーが流入するのを許さない」構えを取る。そのために「一国主義で国際秩序に責任を持たないアメリカ」に対抗して、中国が「人類運命共同体を掲げ、アメリカの民主主義よりも優れた思想と手法で世界的責任を果たす」と言う。

とはいえ、世界中を情報が飛び交い、中国人の多くも大陸から世界各地へ散らばっている状況下では、民主主義や人権の価値に触れ、共産主義や社会主義の価値観を批判的に見る向きが増えることは、避け

2013年12月26日、毛沢東生誕120周年を祝う催しが各地で開かれた。四川省南部の瀘州（ろしゅう）市の「紅軍小学校」では紅軍の衣装を着た生徒が宣誓した。紅軍小学校は革命時代の紅軍司令官と遺族の出資で2007年以降各地に作られ愛国教育を推進している。　写真：アフロ

ようのない事態に思える。

そこで「西洋病」に対する〝予防接種〟として与えられるのが「**愛国教育**」だ。子供のころから、近現代において西洋から受けた「仕打ち」を屈辱の記憶として人民に刻印《こくいん》する。

「本来（中国人≒漢民族）こそ世界で最も優れた民族であったにもかかわらず、西洋帝国主義や日本軍国主義に侵略された。その屈辱を晴らす」「中国の歴史と（中国共産党が教えることを許可した）西洋の歴史を学ぶことで、自発的に**中国の優位性に気づく**」のが愛国教育の核心だ。

中国はソビエト連邦の崩壊に学んだ。ソ連は改革《ペレストロイカ》と情報公開《グラスノスチ》で統制が緩《ゆる》み、共産主義イデオロギーを手放したことで西洋的価値の侵入を許し、崩壊した、と中国共産党は解釈している。

そのため、ネットのファイアウォールはもちろん、思想面でも「万里の長城」を築き、国内に西洋の価値を入れさせない一方、中国共産党自身の思想をあらゆる手を使って国際社会に拡散しようと躍起《やっき》になっているわけだ。

# 22 「中国に抵抗できなくなる」サイクルをざっくり解説

中国に対して強くものが言えない。いつの間にか、「中国の見方」でニュースを見て、中国を忖度《そんたく》して発言するようになる。人権や国際法よりも中国の都合を優先する。中国共産党の世界観にどっぷりつかってしまい、中国の世界戦略は「善」だと世界に広める伝道師となる。**中国共産党**への批判を**中国人**への批判と混同し、「外国人恐怖症、レイシズムだ」と全否定し、「中国市場や中国との取引を失ったら**経済的に生きていけない**」と思い込む。

2004年以降に本格化した中国共産党のさまざまな働きかけで、オーストラリアの人々はこうした心理状況に追い込まれてしまった。恐ろしいことだが、なぜそうなるのか、全体像をざっくり説明してみよう。中国の「見えない手」に引きこまれないためのポイントも紹介する。

まずは政治家や著名な学者など、国内世論に影響力を持つ人々には、中国共産党とつながりのある学者やビジネスマンが近づき、「**友人**」となる。個人として親しくなることもあれば、中国共産党の機関の「フロント団体」であるのを隠し「友好」「平和」「交流」を目的とした組織の一員として接近することもある。美しい建て前には要注意だ。

そうした団体が海外の有識者を「特別顧問」や「会長」「総裁」など名誉職に据えて発言権を持たせ、彼らの**名誉欲**をも満たしてやる。もちろんフロント組織は中国共産党から資金や指示を得ており、情報はすべて党に上がっている。

たったそれだけなのだが、中国のターゲットとなった人物は与えられた名誉に報いたいと思い、「中国は皆さんの思っているような危険な国ではありません」と国内で触れ回ってくれるようになる。現に、彼らに接触している中国人たちは、善良で道徳心にあふ

民主派封じ込めの一斉摘発で逮捕、いったん保釈され記者の質問に答える雨傘運動の元リーダー周庭（しゅうてい＝左）と黄之鋒（こうしほう＝右）。彼らは後に再逮捕され収監された。香港は言論・報道の自由が圧殺され、抵抗できなくなる悪循環のただなかにある。
2020年8月30日香港（共同）

れ、中国と海外諸国との**架け橋になりたい**と願っているようにふるまうのだ。

当然、ターゲットとされた人たちも、そうした高《こう》邁《まい》な精神で動いている（と思われたい、という願望を中国側に見透かされている）。そのため、中国を疑う人たちに対し、時に驚くほどの攻撃性、威圧感を持って断罪するようになる。権威ある人々から激しく否定され、しかも「それは差別だ！」と面罵《めんば》されれば、口をつぐんでしまう一般人は少なくない。

特に政治家や学者などのエリートは「自分は一般人よりも中国人を知っていて、**中国をよく理解している**」という自負がある。その「弱い人間心理」をとことん利用されてしまうわけだ。

もちろんその間、金銭や贈り物も提供される。献金や寄付、顧問料、慈善団体や平和友好事業への協力の謝礼。こうしたエリートの甘言《かんげん》に乗って経済関係が深まれば、いよいよ中国共産党への批判はしづらくなる。「中国の繁栄はわれわれの繁栄につながる」となり、さらには「中国なしではやっていけない！」となるからだ。

ビジネスマンはもっと簡単だ。そもそも商売で、お互い利益を追求する目標で一致している。コネがなければ中国国内で商売はできない。中国にコネのある人物から、「私が口をきいてあげる」と言われれば乗らない手はない。だがそこは取引で、便宜《べんぎ》を受ければ、何らかの形でこちらも借りを返さねばならなくなる。そうして徐々に関係を深めていく。

投資や便宜を与えた見返りに、中国共産党への協力者として動く人物を「**第五列**《だいごれつ》」と呼ぶ。こうした働きをする人々はビジネスマンのみならず、政治家や学者にもよく見られる。中国がくれるお金や恩には必ず裏があるのだ。

大学も中国マネーにからめとられている。オーストラリアのサウスウェールズ大学は、多額の学費を納める中国人留学生の利益に目がくらみ、中国共産党と組んだ**プロパガンダ動画**を作成するに至った。その内容は「大学と中華人民共和国の成立は、どちらも同じ1949年、ともに未来へ歩む友人だ」という驚くべきものだった。

カネのつきあいと割り切れずに、学内の中国共産党への批判的意見を封じ、「未来を共にできるパートナー」にしてしまうのだからいただけない。

だが、それこそが中国共産党の狙いなのだ。「影響力工作」とは代弁者を育て、中国共産党への批判に反論させ、尊《とうと》い友好のためと思いこませながら中国の立場を擁護《ようご》してもらい、中国共産党の理念や政策を広めることにある。さらに「アメリカはもう終わりだ」「中国に抵抗しても無駄だ」「次のリーダーは中国だ」と思わせる目的もある。

中国が、各国から学者や留学生を使って盗み取っている先端技術や情報も、こうした「物語《ナラティブ》」の世界では盗む必要すらなくなる。中国との共同研究は「善」で、**中国の国際戦略に協力することが「善」**である、との世界観を信じる人々からは、情報が自動的に共有されてくるからだ。

国内にこうした空気が醸成《じょうせい》されてしまえば、国民は相当のショックを与えられるか、中国共産党の本性を知らしめる重大事件でも起きなければ、正気に返らない。オーストラリアは『目に見えぬ侵略』と自由な報道で目を覚ましたが、それでもハミルトン

### 海外から抵抗力を奪うサイクル

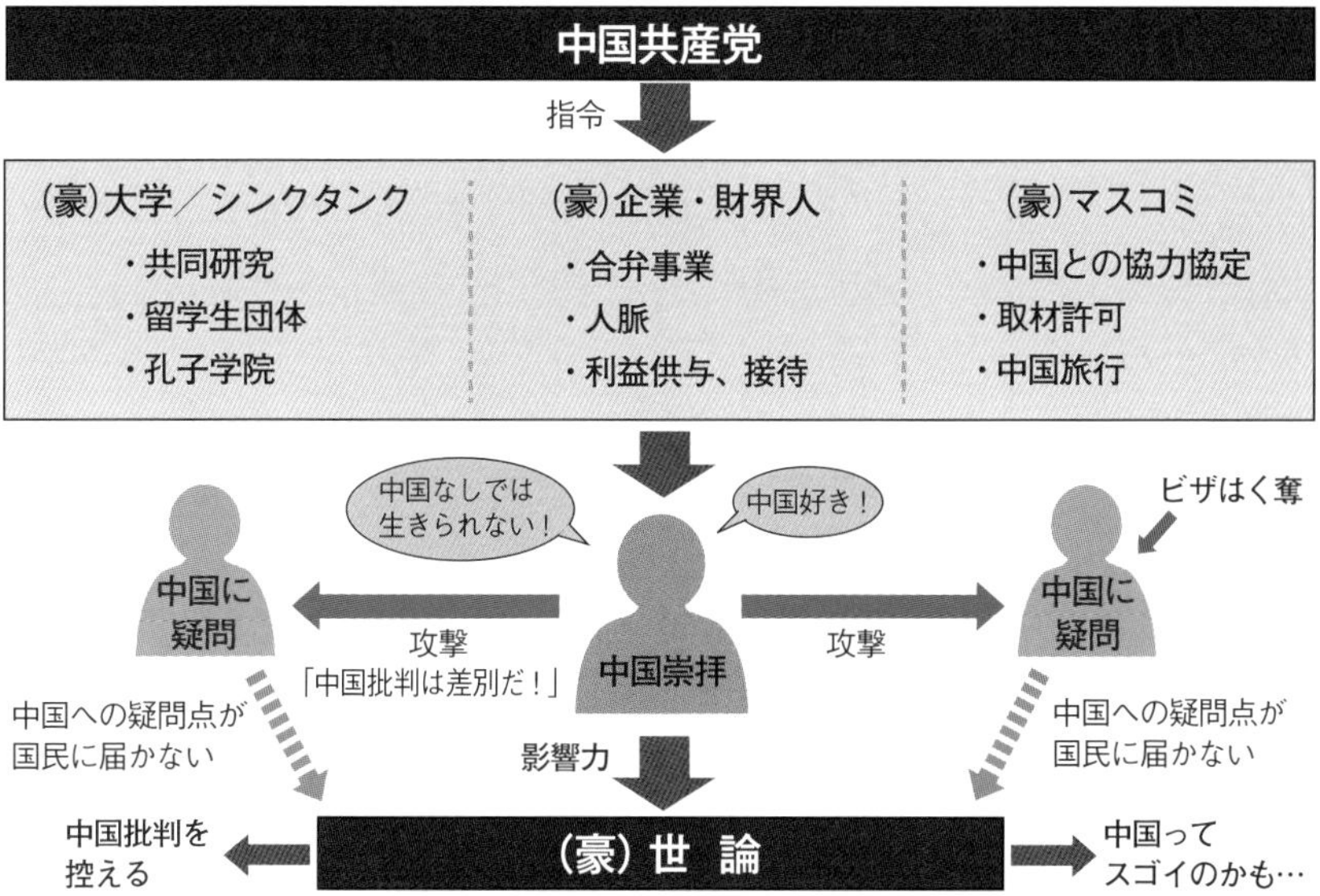


を人種差別主義者だと否定する向きは少なくないし、相変わらず中国との蜜月《みつげつ》関係を続けている人物や組織は多い。

それでも忘れてはならないのは、中国は共産党による独裁と権威主義の体制で、民主主義を否定し、党のために人権を抑圧する政府であることだ。

こうした「事実」を批判することは、人種差別でも、外国人恐怖症でもない。その「一見リベラルなふるまい」が中国共産党を助けている実態を知るべきだろう。民主主義のひび割れに中国共産党は狙いを定めて、「**そっちこそどうなんだ**」と分断を煽《あお》ってくるからだ。

# 23 国際世論を意のままに作り変える

中国共産党は、中国の体制転覆を狙う西側勢力の動きを何十年も警戒してきた。民主的な政治思想の流入で内政が不安定化する恐怖を感じたきっかけは1989年、天安門での学生の抗議活動を鎮圧《ちんあつ》するため軍隊を投入せざるを得なくなり（「六四天安門事件」）、5か月後にベルリンの壁が崩壊、指導部を震撼《しんかん》させたことだった。

2000年、中央宣伝部の職員が西洋諸国は過去10年にわたり「砲煙なき第三次世界大戦」をしかけてきたと主張。この恐怖に基づく「冷戦メンタリティ」が、中国共産党の指導部に「中国に混乱をもたらそうとする**敵対的な西側勢力との生死を賭けた戦い**」に従事していると信じ込ませる要因となった。

2003年のグルジア（ジョージア）「バラ革命」、04年のウクライナ「オレンジ革命」、05年のキルギス「チューリップ革命」、「アラブの春」の発端となった10年から11年にかけてのチュニジア「ジャスミン革命」など、各地で「カラー革命」が続発すると、北京はさらに恐怖を感じた。14年の台湾「ひまわり運動」や同年の香港「雨傘運動」、そして19年に始まった香港民主派の抗議デモを、中国を不安定化させるアメリカなど**西洋諸国の陰謀**としか理解しないのは、そのあらわれだ。

党指導部は、国際世論が中国について抱くイメージを、肯定的なものに置き換える決意を固めている。その目的は、中国共産党への批判を沈黙させること、党の検閲《けんえつ》規範を他の国でも守らせるようにすること、そして「中国的特色のある統治システムの優位性」を宣伝し、現行の国際秩序を中国寄りに作り変えることだ。

習近平は2013年の演説で、中国から見た世界を、「赤」（中国共産党の拠点）「灰色」（中間地）「黒」（否

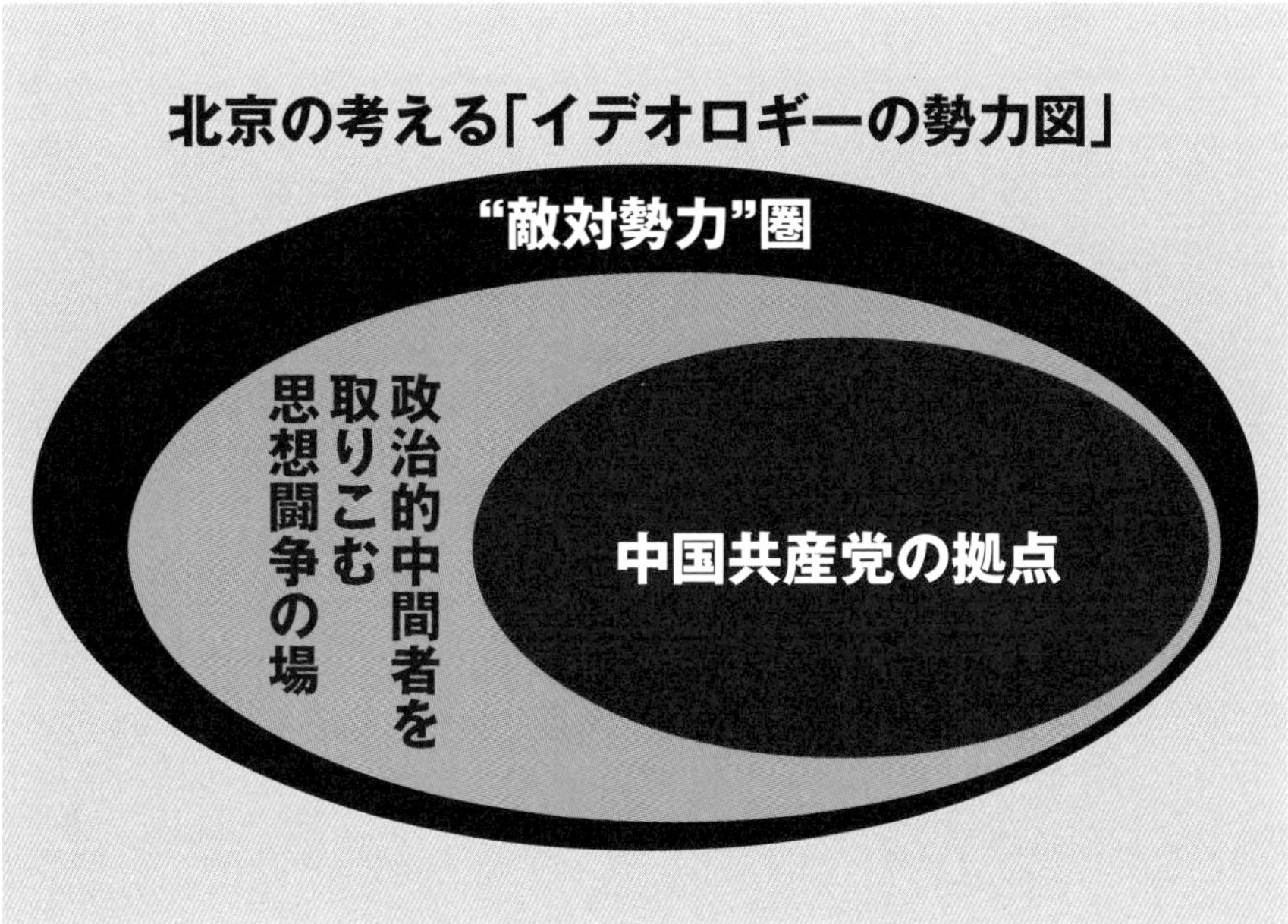


定的な世論の〝敵対勢力〟圏）の三つのゾーンに分類し、「赤」に引きずり込むため「灰色」の領域に手を伸ばし、「黒」の領域と戦うよう党に指示した。

そこで外国人を分類し、「すでに党に共感している人々」と、「政治的中間者」、そして説得不可能な「強硬派」の3派に分けてアプローチする。主なターゲットは2番目の「**政治的中間者**」だ。毛沢東はかつて「95％の人民は善良」で、中国共産党の味方になりうると定義した。

自分たちとは異なる意見を持つ外国の政治的中間者に、悪意や計画的な意図がないと見た場合、中国共産党は（彼らにとっての）正しい視点や正しい立場を辛抱強く説明し、「誤解」を解くよう説得する。西洋諸国の多くの人々が、中国共産党の脅威や人権侵害を軽視したり否定したりするのは、**この説得が成功**している何よりの証拠だ。

「黒」の領域では、国内外の一握りの「敵対勢力」が意図的に虚偽の情報を広め、中国共産党を貶《おとし》めようとしている。その一握りの5％は「**人民の敵**」として断固として否定される。

中国共産党は、何の権利もない「人民の敵」を容《よう》赦《しゃ》なく叩きつぶす。反体制派や人権派弁護士、法輪功信者に対する非常に残忍な扱いを正当化する論理だ。

2008~09年の「リーマンショック」は、「中国が世界的な発言力を持ち、欧米の秩序に代わって中国の政治経済モデルを提示するチャンス」だと党エリートには映った。そこで世界の「政治的中間者」に向け、この危機が金融規制緩和の弱点と行政による監視の欠如をどれほど露呈《ろてい》したか強調し、それに比べて、中国のより慎重な改革は、このようなメルトダウンを防ぐことができる、と主張した。

中国の学界では、欧米の統治モデルに取って代わる**「中国モデル」の世界への輸出**が公然と語られるようになった。中国の大国化は、エドワード・スノーデンの暴露《ばくろ》、無謀《むぼう》なイラク侵攻、さらにトランプ登場でアメリカが「無責任な世界の悪党」になるにつれ、ヨーロッパやアジアで反米主義者たちに歓迎されている。

ブレグジットに象徴される欧州連合(EU)内部での不和、そして2016年のドナルド・トランプの大統領選での勝利は、北京にとって米欧間の同盟関係を弱め、民主主義諸国の結束をさらに弱める戦略的なチャンスとなった。人種や移民、マイノリティの権利をめぐるリベラルの攻勢は**米国社会の分断**をますます深め、2度の大統領選でトランプが民主党候補との間で起こした混乱は、「民主主義制度は、必然的に混沌と非効率性をもたらす」という中国共産党の主張を証明するものとなった。

いまやアメリカの衰退と分断は誰の目にも明らかで、国際社会の信頼と協力の崩壊を救い出すのは、アメリカの覇権《はけん》主義と単独行動主義に対抗する「多国間主義の守り手」である中国だ、と印象付ける好機と見たのだろう。世界の諸問題を解決する最良のアイデアは「中国モデル」に従うことだと、他国に公然とアピールしている。

コロナを全体主義で抑えこんだ中国共産党の政治・経済システムは、欧米の民主政治・資本主義経済より優れているとの主張は、西側各国がコロナ禍を制御できず、経済停滞と貧困増大に苦しむ中、説得力

WHO総会前に握手する習近平主席とWHOのテドロス事務局長。新型コロナウイルスの感染が拡大していた2020年1月、緊急事態宣言を見送って批判を浴びたテドロスは「中国の対応の素早さ、規模の大きさはまれに見るものだ」と持ち上げた。
2020年1月北京・人民大会堂（共同）

を備えつつある。「**中国的解決策**」がコロナ後の世界を制する可能性が高まってきた。

2016年7月、国際仲裁裁判所が中国の南シナ海の島々の領有の主張を「国際法上の法的根拠がなく、国際法に違反する」との判断を下した後、対外連絡部は、中国の立場は120カ国の240を超える政党と、世界中の280の著名シンクタンクやNGOから、国際世論の**多数派の支持**を得ていると主張した。

強大な経済力を持つ一党独裁国家の攻勢に、自由な政治・経済秩序を当然視してきた民主主義諸国の弱い同盟は明らかに劣勢となりつつある。中国共産党は、自分たちはもう世界の世論を変えられる十分な力を持っていると信じているのだ。

# 24 脅かされているのは「人権」そのものである

中国共産党の海外での影響力が強まり、中国共産党に反対する人々を海外まで追いかけて迫害し、批判者を沈黙させている。その最大の被害者は、永住権などを取得して海外に在住する「中国系」の人々だ。

彼らの中には中国共産党の圧政から逃げるため、大陸や香港から移住した人もいる。だが中国共産党は、他国にも**監視の網**を張り巡らせて、批判者を封殺する圧力をかけている。たとえば多くの中国系オーストラリア人は、市民権を持ち、自由や民主主義の価値を認めているが、中国の政治体制を批判する言動を表明したとたん、中国共産党が中国本土にいる彼らの家族や親族を脅したり、ビジネス取引を停止したり、マスコミ報道で実名を挙げて脅したりして、懲罰《ちょうばつ》を与える。

これまで中国系移民が作ってきたコミュニティ組織も、過去15年ほどで、北京の意を汲《く》む多数派によって次々と**乗っ取られていった**。様々な困難を乗り越えてオーストラリア社会に溶け込もうとしてきた、心ある中国系移民にとっては「もの言えば唇寒《くちびるさむ》し」の状況だ。

オーストラリア政府には「自国民」の権利を守る義務があるはずだが、中国共産党の目を気にして中国系住民への圧力に抗議することすらできない。

日本でも、日本国籍を取得したウイグル出身者たちは、中国本土にいる家族に会いに行くことができずにいる。ひとたび中国に入国すれば、無事に帰国できる保証はないからだ。日本政府はこうした「**自国民保護**」が必要な事態に対処しようとせず、中国のご機嫌うかがいばかりしている。

中国共産党は自らへの批判を「外国人差別」に置き換え、中国に絡めとられた欧米の有識者たちも「中国警戒論は外国人恐怖症」と断じるが、少なくとも

国有大手不動産会社「華遠集団」会長で中国共産党員だった任志強は、元商務省高官を父に持つエリートだが、歯に衣着せぬ発言で「もの言う企業家」として知られていた（2013 年 11 月 18 日撮影）。

AFP ＝時事

中国よりもはるかに人権意識の高いオーストラリアが「人権」で攻撃されるのは皮肉と言うほかない。「差別だ！」と言われて思考停止する前に、中国のウイグルやチベット、香港政策は一体何なのかを顧《かえり》みよう。ここを忘れると、人権意識を逆手に取られ、中国共産党を利する結果となる。

中国では、**習近平を批判しただけで収監《しゅうかん》され、精神病院に送られる。**２０２０年、太子党で企業経営者だった任志強《じんしきょう》は習近平の新型コロナウイルス対策を「裸でも皇帝を続ける道化」などと批判したところ拘束、起訴され、懲役18年と罰金４２０万元（約６５００万円）の実刑判決を受けた。

２０１８年に上海で習近平のポスターに墨汁をかける動画をアップした董瑤瓊《ドンヤオチョン》は精神病院に入院させられた。退院後、別人のようにやつれた彼女は２０２０年11月に「今は何の自由もない」「当局は私の自由精神を殺そうとしています」とツイッターで告発したが、すぐに削除された。

中国共産党が攻撃しているのは人権と自由の普遍的価値そのものなのである。

# 25 危険分子から使える駒へ 中国共産党の華僑《かきょう》政策

中国にルーツを持つ海外在住者を「華僑」という。新規の移住者と二世、三世以上の古い移民も合わせれば、世界中に5千万人以上いる。中国共産党は華僑を自らの「手ゴマ」に使おうとしている。

かつて華僑は「中国以外の思想に染まった危険分子」と見られていたため、中国共産党は華僑を遠ざけていたが、2000年代に入ってからその方針を転換。西洋諸国に住む中国系の人々は、中国共産党の脅迫と監視の最大の標的《ターゲット》となっている。さらには外国で中国共産党の宣伝役となり、中国批判に積極的に反論してつぶし、現地組織のリーダーになる**「使える」存在**と見るようになった。

中国共産党は華僑の現地政界への進出も支援している。心が中国共産党への忠誠で満たされていれば、華僑が現地社会で政治家になることはむしろ中国共産党に資する。ルーツはどこであれ、地元の利益を最大限に考慮し、当地の価値観を重んじるなら何の問題もない。だが、中国共産党の息がかかった人々から資金援助を得て、中国共産党のために働くのなら、有権者は警戒し落選させる必要がある。

中国系の候補者を立てれば、政党には中国系富豪からの莫大《ばくだい》な献金が期待できる。政党側は自らの政策や方針が中国共産党寄りに引っ張られる恐れを知りながら、これを受け入れている。

中国在住の外国人は、たとえ帰化したところで出身国の意に沿う政治活動を行うことなどできない。民主的な政治制度が中国のために**一方的に使われる**一例で、ここでも中国と民主主義国家の政治体制の非対称性が、中国を利する結果となっている。

オーストラリアには実に100万人もの華僑が在住している。もちろん、その中にはオーストラリアの価値を重んじる人たちもいるが、そうではない人々

イタリア・ミラノで、同国の警察官とパトロールする中国の警察官（中央）。中国人旅行者に安心してもらおうというふれこみで、ミラノとローマに中国から警察官が派遣され、約2週間交替で勤務した（2016年5月3日撮影）
EPA＝時事

も多い。棚ボタ式に永住権を手にした中国系住民たちの中には、毎年6月4日に天安門での民主化運動弾圧の成功を祝うパーティを催《もよお》す者もいる。

海外のすべての中国系の守護者を自称する中国共産党は、米英加仏など40カ国で華僑の保護を名目とした「華人警民合作中心」を設置し、反体制派や批判者の言動に目を光らせる。中国の警察は、「逃亡者は凧《たこ》のようなもので、身体は海外にいても中国国内とつながっている。われわれは家族や友人を通じて常に彼らを発見し、戻るよう説得できる」と自信を持っている。

イタリアではこの「華人警民合作中心」が現地警察と協力して共同パトロールを行っている。その実は中国人観光客の監視だ。

メルボルンでは、2019年に中国系住民が多い地区の警察署が「中国共産党誕生70周年」を祝って中国国旗を掲揚し、ウイグル人、台湾人、チベット人が抗議の声を上げた。現地警察がこの出来事を、中国との友好関係を示すものとしか認識していないなら、恐るべきことだろう。

# 26 ネット工作と華僑が後押し！中国共産党に「外国」なし

中国国内の言論を厳しく統制し、共産党批判を一切許さないようにした中国共産党は、外国でも言論をコントロールして、中国へのポジティブな評価を広めようとしている。

つまり中国共産党に「外国」はなく、国際社会もコントロール可能な状態にしたいと考えている。そのため、海外に渡ったビジネス関係者や留学生、学者や華僑たちを現地の監視員とし、現地メディアを買収して中国共産党の宣伝機関とする動きを強め、**中国に対する評価を変えよう**としている。

中国国内では使用が禁止されているソーシャルメディアを、国外では中国共産党の宣伝ツールとして大いに使っている。中国国内でブロックされない西側のソーシャルメディアはリンクトインだけだが、中国国内での利用許可と引き換えに、中国共産党のすべての指示に従うことを受け入れている。

ツイッターやフェイスブックを開けば、中国共産党配下のメディア、新華社通信や人民日報、中国の大使館や領事館などが、プロパガンダを連日、流している。また「**五毛党**《ごもうとう》」と呼ばれる大勢のネット監視員が、ネット上の膨大な書き込みを監視し、世論に影響を与えるべく、コメントを書き込んでいる。五毛党の書き込みは毎年4億5千万件にも上るとされ、2019年8月に工作用アカウントとみなされ削除されたツイッターアカウントは20万以上にも上った。中国にとって都合の悪い言説を書き込むアカウントを「違反だ」と通報し、凍結に追い込む行為も日々行われている。

こうして、中国国外に共産党の思想や報道は日々大量に流出し、多大な影響力を及ぼしているが、一方で欧米メディアや日本の報道は、**中国国内に一切広がらない**。「防火長城」と呼ばれる情報の壁（ファイアウォール）を設け、ネットから外国の情報を遮断《しゃだん》し、影響を最小限に抑え込んでいるからだ。

**中国は自由に外国に影響を与えられるが、逆は不可能**

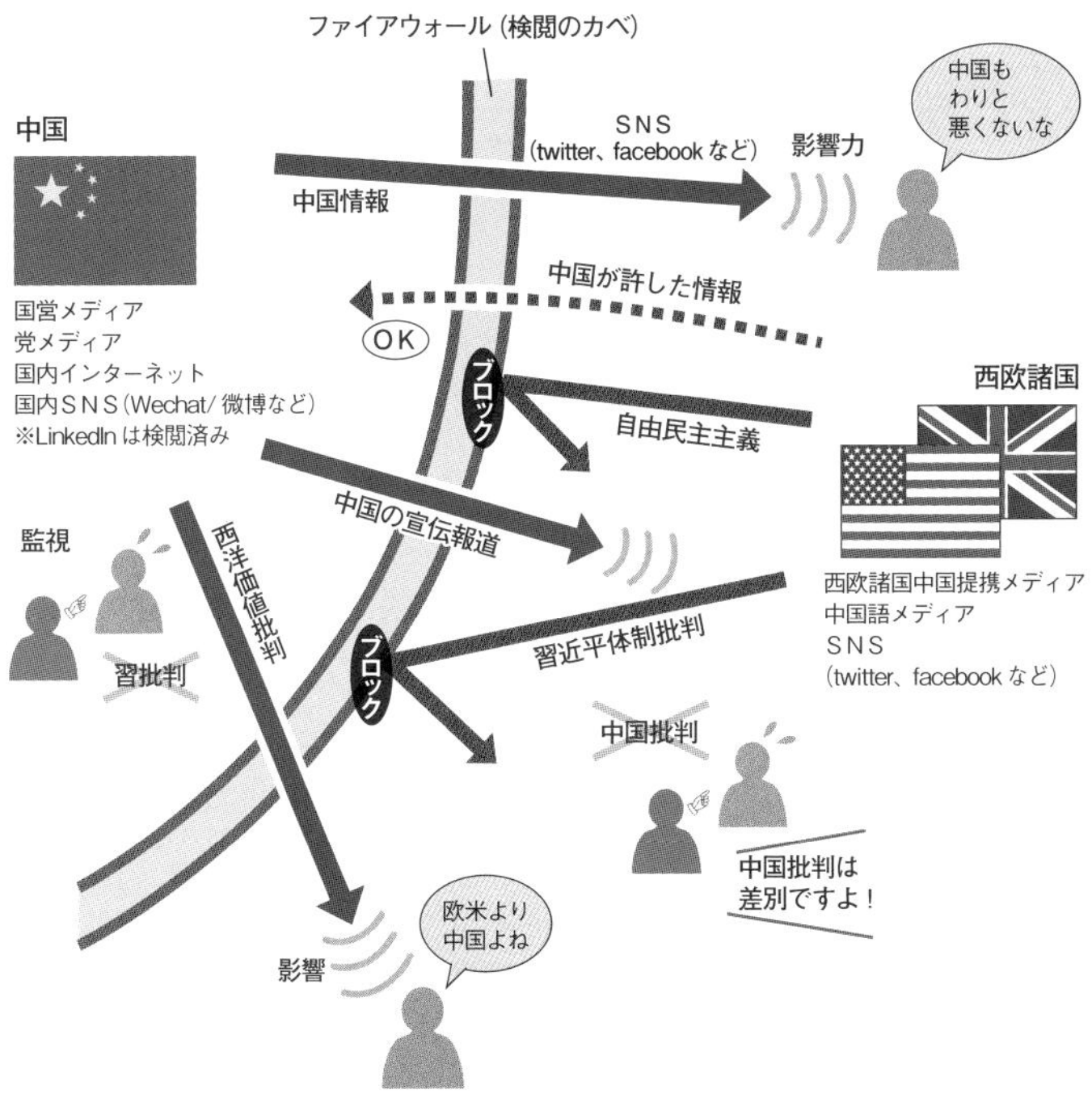


もちろん中国でもネットは使えるが、アクセスできるのは国内の情報、つまり中国共産党が許可した情報に限られており、ウィチャットなどの中国系ソーシャルメディアは常に監視され、体制を批判すればたちどころに削除され取り締まられる。

武漢で新型コロナウイルス感染が深刻化していた実情をネットで発信した市民記者の張《ちょう》展《てん》は逮捕・起訴され、2020年12月に**懲役4年の判決**が下った。

中国は西側諸国の言論や表現の自由を認める民主主義と、ネット空間の開放性を悪用している。かつて、インターネットが広がれば中国や北朝鮮にも民主主義や自由化の波が押し寄せ、自由を望む国民が独裁体制を打倒すると楽観する声があった。だが中国はその可能性を力でねじ伏せ、国民を高度なテクノロジーで監視し、体制を盤石《ばんじゃく》にした。インターネットも海外に向けて影響力を及ぼす便利な道具として利用している。

# 27 共産党と相性がいい高度テクノロジー監視社会

赤信号を無視して横断歩道を渡ると警笛が鳴り、渡った人物は監視カメラにとらえられ、街の大型ビジョンに顔が大写しになり、その罪を晒《さら》される。画面には違反回数の累計《るいけい》までもが表示される。ディストピア映画の舞台ではなく、これが中国の現実だ。

中国全土に2億台ともいわれる監視カメラを設置し、国民のあらゆる不正を見張っている。信号無視、車両の違法停車など法律違反を取り締まるほか、数万人規模の集会に紛《まぎ》れ込んだ指名手配犯の検挙にも役立っているという。こんな監視体制に中国人は息苦しさや個人の権利侵害への不満を抱かないのか。「監視されてみんなが法律を守るならいい」「嫌なら違反行為をしなければいい」という発想のようだ。

監視体制はルール意識の向上のためだけに強化されているのではない。中国共産党の支配体制維持のため、**党に反対する人物の取り締まり**にも使われている。

2019年にはウイグル族を監視する大規模システム「一体化統合作戦プラットフォーム」（IJOP）が構築されたことを、国際調査報道ジャーナリスト連合（ICIJ）が中国当局の内部文書を入手して明らかにした。監視カメラ映像をAIによる顔認証で解析。マルウェアを半強制的にインストールさせた携帯電話の中身など、あらゆる個人情報をアルゴリズム解析し、危険分子とみなされた人物を2万4千人特定。その内**なんと1万5千人を収容所**に送り込んでいた。

もちろん漢民族も監視対象だ。日本では「チャットアプリ」と紹介される中国テンセント社製のウィチャットは、日本のマイナンバーに当たる身分証番号を登録して健康管理に利用するほか、ウィチャットペイという電子マネーを使うために銀行口座も紐《ひも》

新疆ウイグル自治区アクト県北部にあるウイグル人再教育キャンプと思われる施設。新疆では100万人ものウイグル人イスラム教徒が収容所に拘束されていると考えられているが、中国は過激主義から遠ざける目的の「職業教育センター」だと説明する（2019年6月4日撮影）。 AFP＝時事

づけられ、国民の生活全般を管理するアプリになっている。

しかも中国国内では外国製アプリは使用できないため、他に選択肢がない。関係者との連絡もすべてウィチャットで行われるため、登録していないと電話もメールもできない。当然、**すべてのやり取りは中国共産党の監視**のもとにあり、会話・買い物・移動などのほとんどの履歴を握られることになる。

BBC中国特派員のスティーブン・マクドネル記者は、ウィチャットに香港で行われた天安門事件追悼イベントの写真を数枚、アップしたところ、「このアカウントは悪質な噂を広めた疑いがある」としてロックされた。解除するには、自身の顔写真と、アプリが指定する文言を読み上げた音声データの登録が必要だった。これで**要注意人物**として登録されたことになる。

中国共産党の監視網は国外にも広がる。オーストラリアの情報機関（ASIO）の本部近くに中国人が土地を買い、監視など情報収集をしていると指摘された。日本でも同様のことが起きているのではないか。

# 28 メディアと記者の弱点を突く、資金提供とアゴアシ付き旅行

記者やジャーナリストという職業は、物事を多角的にとらえて分析する視点を持ち、一歩でも真実に近づくために取材を重ね、ペンの力で実態を明るみに出すことが求められる。だが中国共産党の手にかかれば、彼らも中国の宣伝工作の先兵にされてしまう。

2016年5月、中国共産党幹部はお忍びでオーストラリアを訪問し、**豪主要メディアと6つの合意**を取り交わした。中国共産党が提供する資金と引き換えに、豪紙に新華社通信や人民日報、チャイナ・デイリーなど党宣伝媒体の報道の引用を認め、彼らが発行する8ページもの折り込み記事を掲載することに同意した。

日本でも毎日新聞が、2016年8月からチャイナ・デイリー作成「チャイナウオッチ」8ページを月一度、折り込んでいる（あくまで参考だが毎日新聞1ページの広告掲載料金は正規の額で約2600万円、8ページの単純計算で2億800万円）。毎日新聞社は「配布には協力しているが、後に記事の選択は毎日新聞側が持つことにした」『政治的案件を除いた文化、芸術、スポーツ、観光、経済に絞ったスタイルをとっている」（https://dhctv.jp/wp-content/uploads/2019/02/mainichi_181227.pdf）としている。

ロンドンのデイリー・テレグラフ紙はチャイナウオッチの折り込みの対価として**年間100万ドル**を受け取っていると唯一、公開しているが、中国共産党の対外宣伝費100億円のうち、いったいどれほどの額が日本やオーストラリアに流れ込んでいるのだろうか。

2016年に交わされた豪中メディア合意には、オーストラリアの主要メディアの記者を「研修」名目で中国に送り込む覚書《おぼえがき》も含まれる。同年7月、記者が中国へ「研修」に行くと、たちまち効果が表れた。

2018年10月19日、アイオワ州のデモイン・レジスター紙に、「チャイナウオッチ」広告が折り込まれた。米中関税引き上げ合戦で大きなダメージを受けるアイオワ州の大豆農家を狙って、トランプの対中政策に反対の声を上げさせようとする中国の宣伝の一環だ。
写真：AP/アフロ

百戦錬磨《ひゃくせんれんま》のはずの記者が、発展した中国の街並みを見て「これを認めないなんて、オーストラリアは終わっている」「中国は金の卵だ！」「一帯一路に入らなければ損だ、ちょっとくらい抑圧されても経済的利益は軽視できない」など、**中国礼賛のオンパレード**となった。

さらには、中国との付き合いに懸念を示す自国内の意見を「外国人恐怖症」「怯《おび》えた国」などと牽制《けんせい》し、安全保障に関しても「南シナ海での中国の立場を認めなければ、カンガルーの耳は摘まれる」「中国は平和と安全を望んでいるだけ」「アメリカと一緒にイラク侵攻に参加したのが悪かった、これからは中国とともに歩むべき」とまで書いた。

ツアーは中国側がアレンジし、取材を許すのは「中国が記者たちに見せたい姿」のみ。記者ならその裏の本当の姿はどうか、中国のアピールの狙いは何か、見極めるべきなのに、「アゴアシ付き」、つまり食事代から旅費まで中国持ちの接待旅行に感動するほど、彼らはナイーブだった。費用が相手持ちの「事実発見ツアー」は「取材」ではない。

# 29 中国が海外メディアに使う「アメとムチ」

中国共産党は海外メディアに対し、「資金」のほかにも「中国国内で取材できる権利」という「アメ」を与えている。その裏返しの「ムチ」として、中国に関する「ポジティブでバランスの取れた報道」——つまり都合のいい報道をしなければ、「取材できる権利」を剥奪《はくだつ》すると脅す。

オーストラリアの公共放送、ABC元中国支局長の**マシュー・カーニーの体験**は、その恐ろしさを教えてくれる。カーニーは新疆ウイグル自治区の集団抑留を取材した時に公安当局者に取り囲まれ、夜中に携帯電話が遠隔操作される現場を目撃した。ABCのサイトが中国国内で突然閲覧不能になり、オフィスに「中央網絡安全和信息化委員会」を名乗る男性が電話してきて「あなた方の報道は国家の安全を危険にさらし、誇りを傷つけた」と警告されるなど、圧力を感じていた。

当局が外国人記者のビザを更新せず、国外退去に追い込むことを知っていたので、早めにビザ更新を申し込むと、中国外交部（外務省）から「お茶を一杯飲みに来い」と命じられた。出頭すると、カーニーが執筆した記事を読み上げて叱責《しっせき》。反論すると相手は激怒し、「捜査対象となる」と通達してきた。

更新時期が近づき、入国管理国にビザ延長のスタンプをもらいに行くと、カーニーは外交部ではなく公安案件になっていた。しかも14歳になる娘まで「取り調べに連れてこい」と言われた。

「あなたの娘さんは、中国の法律では成人ですし、中華人民共和国は法を守る国ですから、ビザ犯罪で起訴されます」

「法を守る国として、**中国はあなたの娘さんを拘留**する権利があることを知っていますか？」

完全な脅しだ。「処罰や復讐の対象として相手の家

豪公共放送 ABC の中国支局長を務めていたカーニー記者は単身赴任ではなく家族を同伴していたのを狙われ、北京当局から「私たちはあなたの娘さんを非公開の場所で勾留する権利を持っている」という異常な脅しを受けた。
写真：豪 ABC のサイトより

族を狙うのは、中国のよく使う手口」だとカーニーは述べる。彼はその後、無事に中国を脱出できたが、そうでない人もいる。２０２０年８月に拘束された中国国営テレビ局英語ニュース部門勤務の中国系オーストラリア人のチェン・レイだ。彼女は中国共産党に批判的な報道をしたわけではなく、この年に中豪間に外交摩擦《まさつ》が生じたため、**見せしめで拘束**されたと見られている。

同時期に中国国内にいたオーストラリア人記者マイケル・スミスも、国家安全部の人間から「真夜中の訪問」を受け、出国停止の憂《う》き目に遭《あ》うところを辛くも脱出した、と告白している。

中国では以前から、報道の自由の制限や記者への圧力が指摘されてきたが、習近平政権になって状況は非常に悪化している。「国境なき記者団」の２０１９年の「**報道の自由度指数**」で中国は１８０カ国中１７７位。米の「ジャーナリスト保護委員会」によれば、２０２０年12月1日時点で、世界各国で拘束されているジャーナリスト２７４人のうち、47人が中国によるものだという。

# 30 報道の自由を世界中で脅かす中国新秩序

報道が宣伝の手段になっている中国共産党のメディア。「世界を管理し、世界に中国の声を聞かせよ」という毛沢東の方針を現代に生かし、国際社会の中国に関する言説をコントロールしようと試みている。

海外メディアのネットワークを使って、中国発の記事事や情報を配信する戦略にも余念がない。メディア網が未発達なアフリカでは、直接中国資本が投じられ、まさに「実験場」となった。途上国では、中国共産党による育成訓練を受けたジャーナリストが、すでに何万人も誕生している。

支援や提携は平和交流や友好の触れ込みで行われる。1990年代のオーストラリアは、中国メディアに補助金をつけてデジタル化を支援していた。

各国のメディアは中国についてもっと知りたい、中国国内の情報を取りたい、あるいは資金難で経営が苦しいといった現実的な理由で「互恵的協力関係」の名のもと、中国メディアと連携する。イギリス、ドイツ、イタリア、ギリシャ、ベルギー、ポルトガルなど、欧州各国が協定を結んでいる。

どの国も、自国で流れる中国の「宣伝的報道」は野放しで、自国発の報道が中国国内に流れる際の共産党による検閲も許している。「中国で報道するためには仕方ない」「流れないよりましだ」と言い訳するが、これは結果的に中国の見解に近い報道ばかりになる。ビザを取り上げられ、関係が悪化する事態を避けるため、欧米メディアは次第に「中国に言われる前に都合の悪いものを引っ込めておく」自己検閲を行うようになる。

中国共産党のすごいところは、外国人が中国礼賛を口にする方が、中国人自身の自画自賛よりも効果的だと認識している点だ。そのため、「中国批判」に対する反論は、外国人に外注されることが多い。

## 中国が作るメディア新秩序

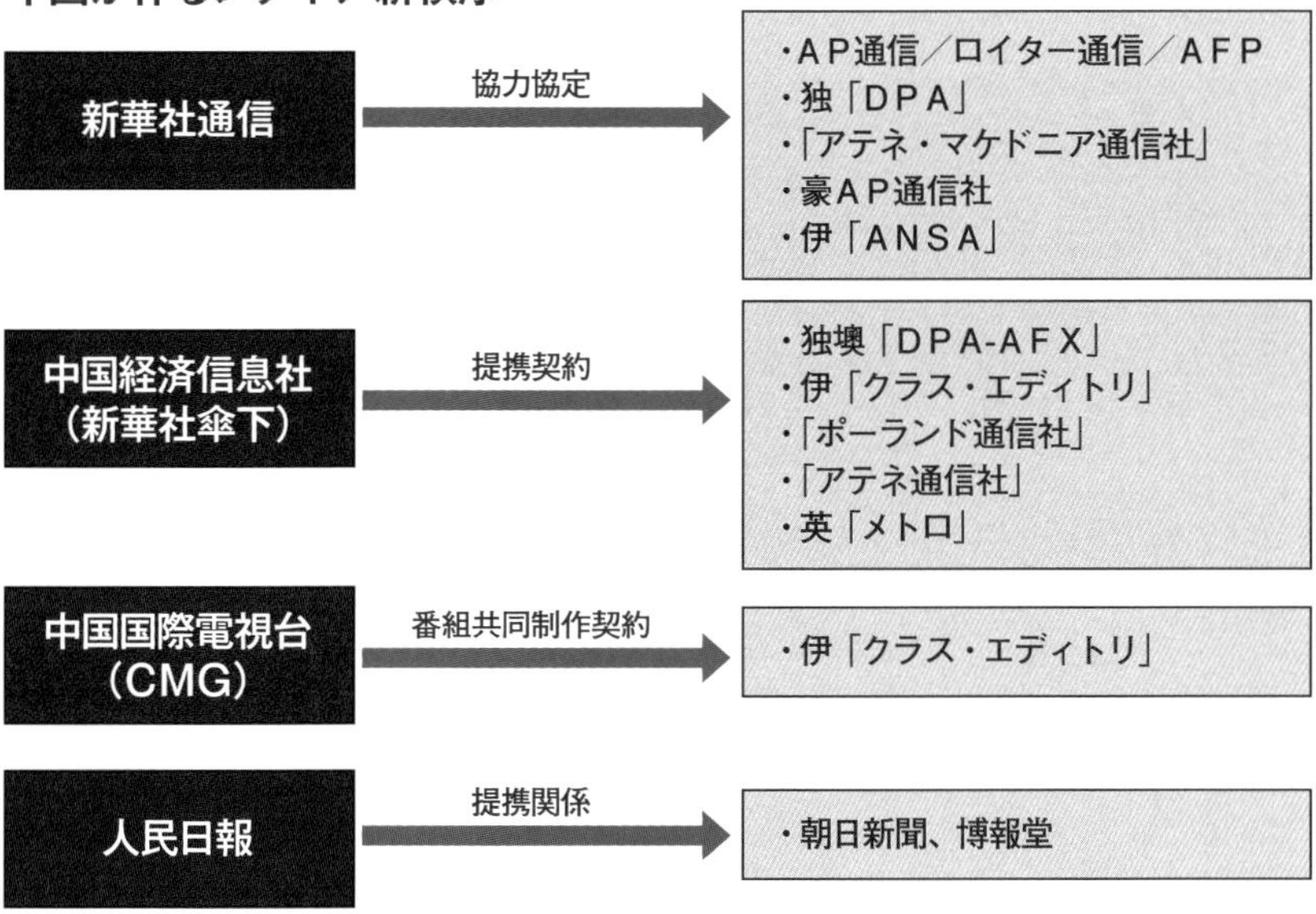


中国国内で流れる海外メディア発の情報も「海外の報道もこんなに中国に肯定的だ」と使われ、中国共産党の宣伝に加担する。これこそ中国が目指す「報道の自由・表現の自由を脅かすことが許される『**メディア新秩序**』」だ。

　この餌食になるのは、新聞、テレビ、ラジオ、ネットニュースといった報道機関ばかりではない。中国はその資金力を使って学術出版社にも影響を及ぼしている。ケンブリッジ大学出版が中国での論文データベースのオンライン表示に対し、中国当局の検閲を一時的に許して大問題となったことは記憶に新しい。２０１９年には中国のある印刷会社が、オーストラリアやニュージーランドの出版社に対し「中国国内で印刷する際に掲載できないトピック」の一覧を通達してきた。ハミルトンの『Ｓｉｌｅｎｔ Ｉｎｖａｓｉｏｎ』も3社から出版拒否されたが、出版物の印刷を中国の工場に頼る国は、印刷物の言論の自由まで奪われてしまう。

　中国国内と同じように、世界の言論もコントロールしたいという中国共産党の意志が透けて見える。

31

# 「千粒の砂」計画 畑泥棒からサイバー犯罪まで行うミクロスパイたち

スパイと言えば、以前は特務機関に所属し、特殊な教育を受け、身分を隠して対象に近づき、機密情報を収集し、当局の指示に沿ってターゲットの言動を誘導するプロの存在だった。

ところが現在、中国共産党はこうしたプロのスパイだけでなく、アマチュアのスパイを海外のさまざまな場所に放っている。いや、海外のさまざまな場所にいる中国人たちを、中国共産党がスパイとして使っているのだ。任せる任務の幅も様々で、単なる情報提供から、技術や情報の窃盗、現地での宣伝工作、要人への接近、なかには畑を掘り起こして種子を盗み、中国に送り届けるバイオテクノロジー犯罪まであり、いずれも特殊な訓練を受けていない**民間人にも達成できる**任務が与えられている。

米シンクタンクの国際戦略問題研究所（CSIS）が2000年から19年初頭までの事案を調べた「中国関連のスパイ事件報告書」によれば、137件の事件報告のうち、57%が「中国の軍人または政府職員」。36%が「中国の民間人」、7%が「中国以外の実行者（多くはアメリカ人）」だったという。

「中国の民間人」とは、華僑、学生、学者・研究者、ビジネスマンなど多岐にわたる。彼らは広範囲の情報を収集する「マイクロスパイ」として、この**「千粒の砂」計画**（一般人でも集められるミクロな情報も千粒集めればそれなりになるという人民総スパイ作戦）に組み込まれ、大使館や領事館に積極的に情報を提供するよう求められている。活動資金や報酬の提供、帰国した際の便宜《べんぎ》などの「アメ」を与える一方で、従わなければ中国国内に残る親族が共産党から目をつけられる「ムチ」も使われる。

特に狙われるのは大学やシンクタンクなどの研究機関だ。研究者同士の交流で築《きず》かれる人脈は中国共

2014 年 5 月 19 日、米司法長官は米大陪審が中国のハッカー 5 人を経済スパイと企業秘密窃盗で起訴したと発表。この 5 人は米企業にサイバー攻撃を仕かけた中国軍将校だった。国際的なサイバースパイ事件で中国軍関係者を刑事告発した初のケースとなった。

写真：AP/ アフロ

産党の工作の足がかりとなり、「中国の見解」を広める接点となる。研究内容そのものも当然、盗み取られる。民間企業も機密性の高い情報を持つほど、浸透する価値は上がる。

２０２０年12月14日付の「The Australian」紙は、米英独など10の外国公館で多数の中国共産党員が勤務していたと報じた。流出した１９５万人分のデータと照合したもので、防衛産業の米ボーイングや新型コロナワクチンを開発中の米ファイザー、英アストラゼネカに勤務している者も判明した。

中国共産党の情報網が世界中に散らばっていることは、中国共産党から迫害されている人たちにとって、とりわけ大きな脅威だ。「中国を出ても、地球上の**どこでも見つけてやる**」と豪語するスパイ網が張り巡らされているからだ。

こうした数十万人規模のマイクロスパイの社会への浸透には、各国警察も「捕捉しきれない」とお手上げ状態だという。

32

# オーストラリア中の電気が消える日

人々の生活を支える電気・水道・ガスなどのインフラは、絶たれれば生活どころか生命まで危険にさらされるライフラインである。しかしオーストラリアはこの大事なインフラの**大部分を中国資本に押さえられてしまった。**

豪ビクトリア州の5つの電力供給会社を押さえ、南豪の送電会社の一部を配下に置いているのは、中国国営企業の「国家電網公司《こっかでんもうこうし》」。それ以外の電力会社を所有しているのも、香港企業「長江基建《チョンコンインフラ》」ほか、電力に関わるインフラのほとんどが中国資本の所有である。

アメリカの情報活動を内部告発したエドワード・スノーデンは日本の横田基地勤務時代の話として「アメリカは日本の電力網にマルウェアを仕込んでおり、同盟国でなくなればいつでも停電に追い込める。自分がマルウェアを埋め込んだ張本人だ」と証言して世界を驚かせたが、オーストラリアはそれどころではない。マルウェアを仕込む必要も、電力会社の人々をスパイとして抱え、送電線を切ったり送電装置を破壊したりする必要もなく、「いざ」という時にオーストラリア中の電力を止めることができる。なぜなら、送電供給も送電も、中国資本の会社が事業として行っているからだ。

中国共産党の指示があり次第、自社の仕事として電力供給を遮断《しゃだん》すればそれで終わり。ハッキングも、物理的破壊活動の必要もない。

米中戦争が「冷戦」から「熱戦」に変わるとき、中国はアメリカの力を削《そ》ぐためにオーストラリアに圧力をかけるだろう。「もしアメリカ側について参戦すれば、オーストラリアの電気は停止すると思え。それでも参戦するのか」と。オーストラリアはアメリカに「中国との戦争は思いとどまってほしい」と

## 買収されたオーストラリアのエネルギーインフラ

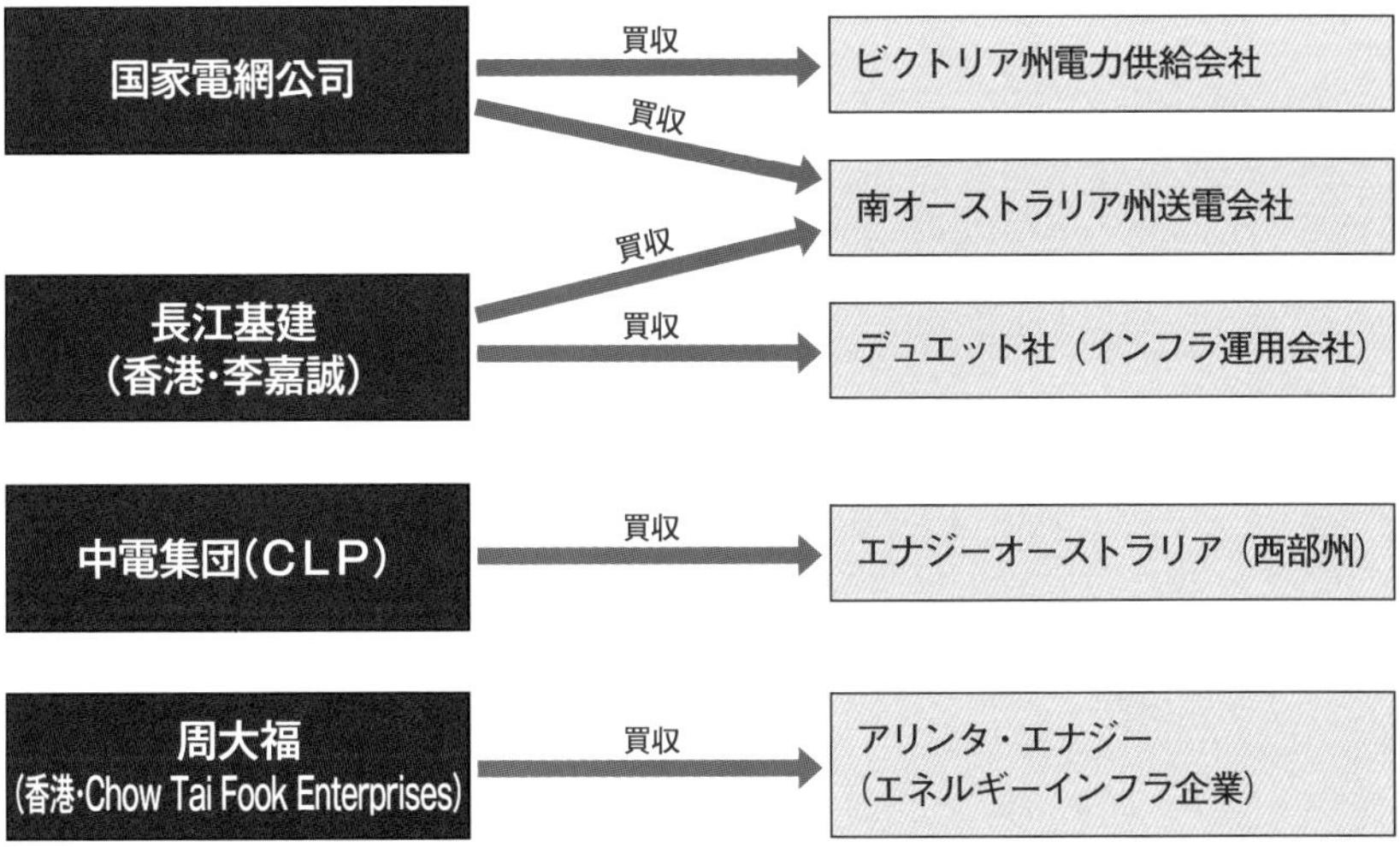


(注)電力網は通信サービスと融合しているため、中国の所有者は豪のインターネットと電話のメッセージ機能すべてにアクセス可能。

懇願《こんがん》するほかない。電力供給によって守られている**自国民の生活と生命が人質に取られている**のも同然なのだから。

つまり、電力供給・送電会社をオーストラリアが自国資本に取り戻すか、少なくとも自由民主主義に敵対的でない国の資本に振り替えない限り付きまとう、巨大なリスクを抱え込んだことになる。もちろん中国から見れば、相手の行動をコントロールする上でこれほど「使える」ツールはないだろう。

さすがに2016年、オーストラリア連邦政府は「インフラにかかわる特定資産を中国に買われるとまずいことになる」と気づき、外国投資委員会での審査を開始。2017年には中枢インフラタスクフォースを設置して「外国資本に買われると国家の安全にかかわる施設」を登録し、買収を認めないことになったが、時すでに遅し。仮に所有者がオーストラリアの市民権を持っていても中国共産党の意図で動く企業がある以上、本当の資本関係の根本的な調査は難しく、十分に機能を果たせない構造的問題もある。これがオーストラリアの現状だ。

# 33 「自国と同盟国の兵士を殺す武器」の開発に協力する豪大学

自国や同盟国の兵士を殺す武器開発につながる共同研究に、税金を投入して育成した自国の財産である学者たちの頭脳や、大学の設備を使って取り組んでいる——。中国の軍事強国化を助けているのがオーストラリアや日本の学術界の現状だ。

中国の大学や軍事開発を担う企業は、人民解放軍とほとんど一体化しているが、オーストラリアや日本の大学は中国の大学や企業との共同研究にいそしみ、無自覚に中国の新兵器開発に貢献している。

習近平が進める「**軍民融合戦略**」は、民間の科学技術を軍事に活用することを主な狙いとする。例えば日本学術会議と提携の覚書《おぼえがき》を締結している中国科学技術協会は民間団体だが、国務院直属の中国工程院と公式な協力関係にあり、ハイテク技術を国家が吸い上げる装置となっている。2021年1月、トップクラスの外国人研究者を中国に招く「**千人計画**」に44人もの日本人研究者が協力したと読売新聞が報じたが、民間協力を装《よそお》って移転された技術は中国の軍事発展に役立てられている。

オーストラリアでは、シドニー工科大学が中国電子科技集団公司と共同研究センターを設立、ステルス機の開発・研究を進めている。そのステルス機が情報収集・攻撃する標的は誰なのか、考えないのか。また、両者はスマートシティ研究所も設立し、早期警戒防止に関する研究や、サイバー空間のコントロールに関する研究まで行っている。

シドニー工科大学はオーストラリア防衛科学技術機構ともパートナーシップを結んでいて、オーストラリアの軍事技術研究は中国に筒抜けだろう。一緒に研究する時点で、**すでに中国側に情報が流出**しているからだ。

ニューサウスウェールズ大学はファーウェイなど

**自らに向けられる兵器開発を助けてきたオーストラリア**

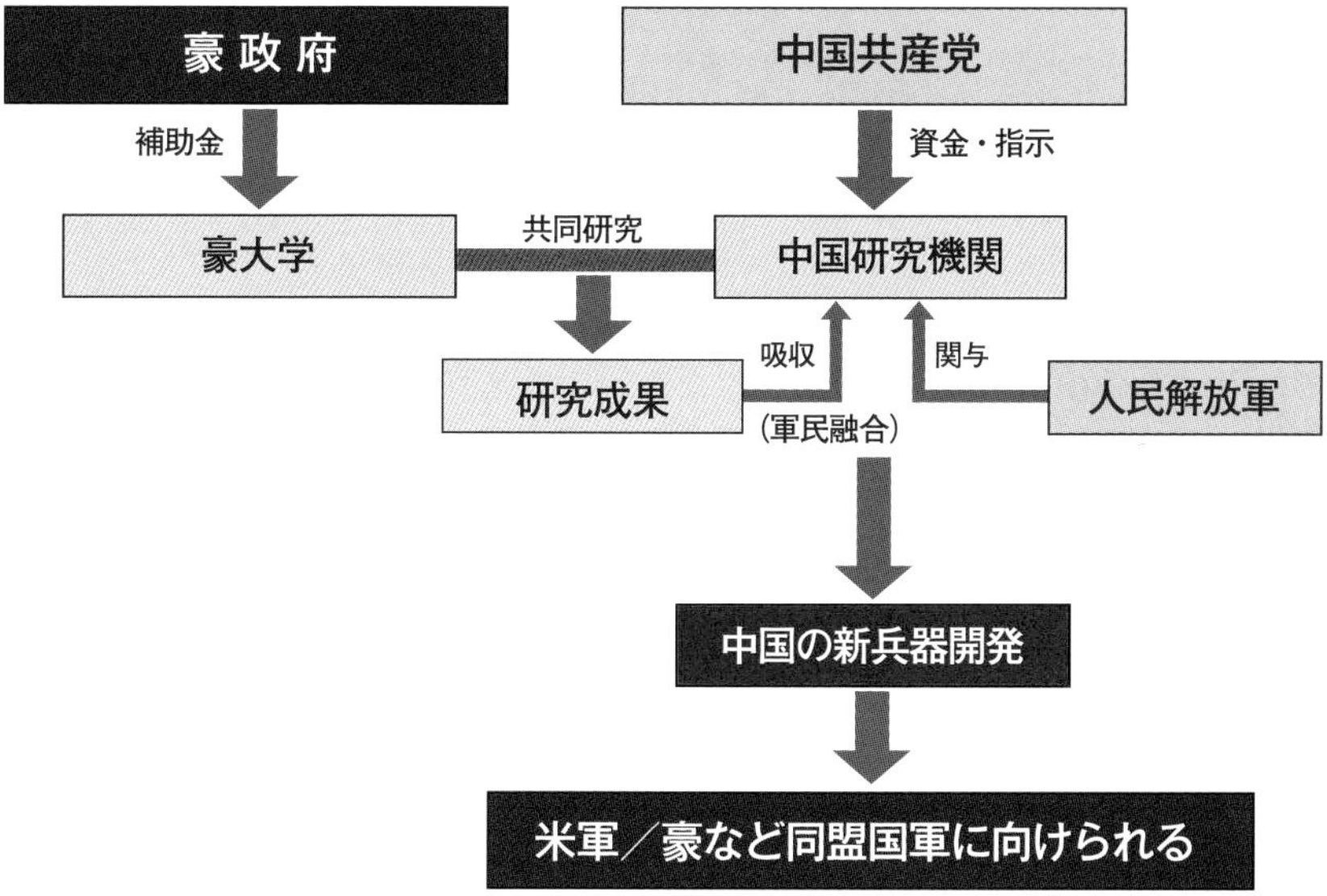


との合同プロジェクトを立ち上げ、世界標準のワイヤレスインフラの開発に取り組んでいる。オーストラリア政府がテクノロジー開発支援で立ち上げた「オーストラリア研究会議」はこのプロジェクトに46万6千ドルを投じている。ファーウェイと人民解放軍諜報部とのつながりはすでに明るみに出ているが、大学側はどこ吹く風だ。

それどころか、ニューサウスウェールズ大学や豪国立大学は中国共産党・人民解放軍傘下の国防科技大学からも学者を受け入れてさえいる。

オーストラリアの研究機関はその**開放性を中国共産党にいいように利用**されているわけだが、こうした警戒論に対し、研究者や大学関係者は「もともと軍民両用使用《デュアルユース》を想定した、公開されている技術だから、中国に利用されるとの批判は当たらない」「オーストラリアにも経済的利益をもたらす」などと述べ、不思議なほど楽観的に構えている。

中国共産党が西側の研究機関に近づくのは、アメリカに対抗し、打ち勝つ軍事力を手に入れるためだ。それに協力する米同盟国は自殺行為をしている。

# 34 大学内に置かれた中国共産党の工作機関「孔子学院」

2019年、米中対立のさなかにアメリカで次々に廃止された「孔子学院《こうしがくいん》」。大学内部に「中国語と中国文化理解を促進する」ことを名目に設置された組織だが、その実態は中国共産党直属のプロパガンダ機関であり、**欧米の大学内の対中言論を取り締まる監視機関**にもなっている。

孔子学院はアメリカ、オーストラリア、フランス、イギリスなど各国に広がり、総数は500校とされる。最も浸透工作が成功したオーストラリアでは、なんと教育省の省内に孔子学院を設立。シドニー大学、クイーンズランド大学、ニューサウスウェールズ大学など各大学に孔子学院組織設立を許可しただけでなく、「孔子学級」を国内の小・中・高校に6クラス設置した。設置経費はもちろん中国持ちで、宣伝部が教育部を通じて「マネーロンダリング」した資金から出る費用1万ドルとともに中国人の「助手」が送り込まれてくるが、もちろん職員は中国共産党の指導を受けている。党中央政治局元常務委員の李《り》長春《ちょうしゅん》が「孔子学院は中国の海外プロパガンダ拡散のための重要機関」と明かしているのだ。

危機感を持ったオーストラリア国民の一部から、「中国文化はよいが、中国共産党は別」「孔子学級は無償かもしれないが、プロパガンダを子供に浴びせている」などと抗議が殺到し、2019年8月、ニューサウスウェールズ州の13の孔子学級の閉鎖が決まった。

孔子学院と各大学の間では覚書や契約書が交わされているが、その内容は**秘匿《ひとく》**されている。「国家の統一を脅かすもの」や「国家の安全保障を脅かすもの」は取り扱わない、という契約を交わした大学もあるが、何が該当するかは中国次第。法輪功、チベット、天安門事件に触れてはならないのはもちろん、台湾、

孔子学院は儒学に関する教育機関ではなく、海外の大学に入り込み、政治的圧力や影響力を行使する中国共産党の宣伝機関の一つ。写真は 2018 年 12 月 3 日、四川省成都市で開催された第 13 回孔子学院会議に出席する各国の代表者たち。
写真：アフロ

香港についても「中国共産党の見解」に沿うもの以外は「中国国家を脅《おびや》かすもの」と認定されてしまう。

カナダのマクマスター大学は、孔子学院開設にあたり、大学職員に対し「**法輪功を実践しない**」との条件をつけていた。これはさすがに批判を浴び、この文言を文書から削ることはできないまま、結局、閉院となっている。

同じカナダのビクトリア大学では皮肉な事件も起きた。2018年、「孔子学院が大学に影響力を及ぼしている」という内容の映画の上映会が予定されたが、学内の孔子学院の圧力でつぶされたという。**孔子学院の影響力を自ら証明した事件**だが、他にも孔子学院は各国の大学でダライ・ラマの講演を中止させたり、ウイグル人活動家のイベントの参加者の写真を留学生に撮影させ、大使館に提供させたりしていたという。

中国は孔子学院を使って自らのソフトパワーを強化し、欧米諸国の大学内の言論を委縮《いしゅく》させ、学問の自由を脅かしている。「タダほど高いものはない」ということだ。

# 35 文化も中国共産党の「戦場」と化す

「中国の文化、歴史は好きだ」という人は多いだろう。だがこうした率直な感情さえ、中国共産党のカモにされる。中国共産党は**「何が正しい中国文化」かを定義**し、党と無関係の中国文化も宣伝工作に利用するため、文化振興にも常に政治宣伝がつきまとう。

たとえば華僑が海外で行う春節祭の「チャイナ・フェスティバル」は、北京に近い勢力がコミュニティ組織を乗っ取って共産党色を強める絶好の機会となっている。一帯一路構想にも、党主導の「紅色文化輸出」が絡むが、中でも習近平が力を入れているのは漢方と太極拳の世界輸出だという。

中国在住の総合格闘家・徐暁冬《シューシャオドン》が太極拳の達人を挑発、実際に戦ってこれを打ち負かすと、当局は激怒し、徐の航空機と高速列車の利用を禁止した。あまりに大人げない対応だが、こうした小さな「反乱の種」も見逃さない党の徹底した姿勢がうかがえる。

中国の伝統文化だけではない。オーケストラやオペラなどハイカルチャーを支援する保利《ぽり》文化集団は、様々な楽団や公演を後援し、「中国は西洋文化にも造詣《ぞうけい》が深い」との名声を高めるのに役立っている。親会社の保利集団は「保利科技有限公司」という国有兵器製造会社から財閥化した軍のフロント企業だ。

中国共産党は党の機関のフロント団体として文化フォーラムや文化基金団体を装った組織を設立させ、**文化の隠れ蓑《みの》をまとった政治団体**を次々に各国へ送り込んでいる。文化イベントでは親北京派ばかり集められ、海外に逃げた中国系アーティストの活動は妨害され抑圧される。

米在住の翁氷《ウェンビン》の作品展を開催したノースカロライナ州のアートセンターは抗議を恐れ「政治的」な絵画3点を展示しない決定をした。法輪功信者の「神韻《シェンユン》芸術団」は中国の古典舞踊を上演するが、中国政

2019年公開の映画『ベルリン、アイラブユー』で、反体制派アーティストの艾未未（アイウェイウェイ）の出演部分が、中国を恐れた配給会社の自主検閲でカットされた。写真はバイエルン州での「ヨーロッパの人々」アートアワード受賞式の艾未未（2019年10月14日）　ＤＰＡ／共同通信イメージズ

府はこの団体のあらゆる海外公演をつぶしにかかり、うまくいかない場合は「中国と貴国の関係に影響が出るぞ」と脅す。

中国共産党は、文化への資金提供というアメを与えながら、検閲《けんえつ》のムチをふるう。近年、中国資本のハリウッド進出は目覚ましいが、製作側に中国企業・テンセントが加わった映画『トップガン』の続編では、前作で主人公のジャケットについていた**日本と台湾の国旗が外された**。ディズニーの実写映画『ムーラン』は主演女優が香港デモに対する警察の仕打ちを支持する発言をし、一部の撮影がウイグル自治区で行われたことでボイコット騒動に発展した。

体制批判はアートの大きなテーマだが、中国では当然許されない。反体制派アーティストで北京の「鳥の巣」オリンピックスタジアムの設計を手伝った艾《アイ》未未《ウェイウェイ》のスタジオの一つが2018年、予告なしに取り壊された。艾は2008年の四川大地震の党の隠《いん》ぺい工作を批判して当局の怒りを買っていた。前述（24項）の習近平のポスターに墨汁をかけた董瑤瓊《ドンヤオチョン》もアーティストだが、精神病院に送られている。

36

# 地方から中央を包囲する——毛沢東戦略の国際的実践

外交・安全保障は国政の専売特許、地方自治体や地方議員には関係がない、との思い込みも、中国に利用されてしまう。こうした地方に中国共産党は入り込みやすく、警戒感の薄さにつけこんで、**姉妹都市や文化交流を装った政治的工作**を行っている。

毛沢東は「農村から都市を包囲せよ」と『人民戦争理論』で述べた。中国共産党は影響力工作にもこの手法を大いに利用している。

なぜ、地方が狙われるのか。それには三つの理由がある。

第一に、どの国でもインフラ設備や軍用施設は都市部ではなく地方にある。さらに天然資源や農地が多く、生産物を入手しやすい。中国では裕福層を中心に、中国産ではなく、質も安全性も高い海外農産品を求める声が高まっている。海外の農地はそうした「戦略的物資」や買収すべきインフラの宝庫である。

第二は、**地方議員の存在**だ。国家安全保障の責任意識が低く、外国の政治工作に対する危機管理意識が薄い。議員のなかには、国政進出を狙う人も多く、彼らにとって中国共産党や中国資本との関係、中国系住民による献金や支持は、強力な後押しになる。議員は足元を見られているとは気づかず、「中国が地方議員に過ぎない自分を評価してくれている」と思い込み、中国の意図に沿って動きやすい状況に自ら嵌《はま》っていく。

第三は国政への圧力だ。地方経済は冷え込んでおり、中国資本の投資や、中国との貿易関係強化は「地元経済にとって望ましい」。そのため、仮に中央（連邦）政府が中国共産党の脅威に気づいて貿易依存度を下げ、対中姿勢を修正しようとしても、**地方から反対**の声が上がれば無視はできない。

1985年に河北省職員だった若き習近平が貿易

2020年8月30日、台北の桃園国際空港に到着し、台湾外相に出迎えられるチェコ上院議長。北京との姉妹都市を解消し、中国から鋭い批判を受けたにもかかわらず、プラハ市長をはじめとするチェコ代表団80名以上が訪台し、プラハ市は台北市と姉妹提携した。　©Annabelle Chih／SOPA Images via ZUMA Wire／共同通信イメージズ

使節団を率いてアイオワ州を訪問した縁《えん》で、同州と河北省は姉妹州となった。米中貿易紛争が起きると、地元のデモイン・レジスター紙には前述のチャイナ・デイリー紙の折込広告が入る。こうした州では中国の投資を増やすため「一帯一路構想」を支持し、「貿易戦争で地元の子供が飢えてしまう！」とトランプ政権の**関税引き上げに反対**する声が広がった。

　中国の場合、姉妹都市は党の人民外交のツールであり、方針は地方自治体ではなく党組織の中国人民対外友好協会が決める。各都市は懐柔《かいじゅう》され、友好の名のもとに一帯一路プロパガンダに協力し、中国共産党の宣伝に乗せられる。

　そんな中で、逆風に耐えて見せたのがチェコのプラハ市だ。プラハ市は北京市と姉妹都市提携を結んでいたが、プラハ市が「一つの中国政策」の削除を要請したところ、北京市が拒絶。プラハ市は脅しに屈せず、北京との姉妹都市協定を終了し、**台北市と提携**した。「姉妹都市提携は、政治的なものでなく文化的であるべき」とするプラハ市の姿勢は大いに評価されるべきだろう。

## 37

# 「歴史カード」で徹底的に攻める手口

中国は日本に対し「かつて日本は戦争でわが国を侵略し、はかり知れない被害を与えた」と、日本の贖罪《しょくざい》意識を刺激して外交的に有利な状況を作りだそうとしてきた。

同じように、オーストラリアに対しても「歴史」を武器に浸透を図っている。第一に「中国とオーストラリアが一緒に戦った」歴史だ。第二次世界大戦という「反ファシスト」戦争で、オーストラリアと中国は共同で**ファシズムに立ち向かった仲間**である、とするものだ。政治献金をばらまきオーストラリア政界で暗躍した周澤栄《チャウチャクウィン》と黄向墨《ホワンシャンモ》は２０１５年9月、オーストラリア戦争記念館で中国系兵士を追悼《ついとう》する献花を行った。当然、記念館への多額の寄付も行い、二人は特別会員となっている。

豪中が共通の歴史を持つことは事実だが、一方で第二次大戦後、オーストラリア軍が中国共産党と人民解放軍と敵対した歴史は漂白《ひょうはく》されてしまった。朝鮮戦争、ベトナム戦争は**共産主義との戦い**であり、オーストラリア軍も米軍などと共同で戦ったが、すっかりなかったことにされている。

さらには、オーストラリア軍に所属し自国のために戦った中国系オーストラリア人兵士の功績に、移民してきた人民解放軍ＯＢらが〝タダ乗り〟し、オーストラリア八路軍《はちろぐん》を名乗る団体を組織し、活動していることも見逃せない。中国系オーストラリア軍兵士と人民解放軍出身者は全く重ならないが、あえて混同させることで、オーストラリアでの人民解放軍への警戒心を取り去ろうとしている。

第二に、中国系移民の歴史だ。２００３年に訪豪した胡錦濤は「１４２０年代には明の艦艇がオーストラリア大陸に達していた。そのころから中国人はこの地に住み着き、中国の文化を新大陸にもたらし

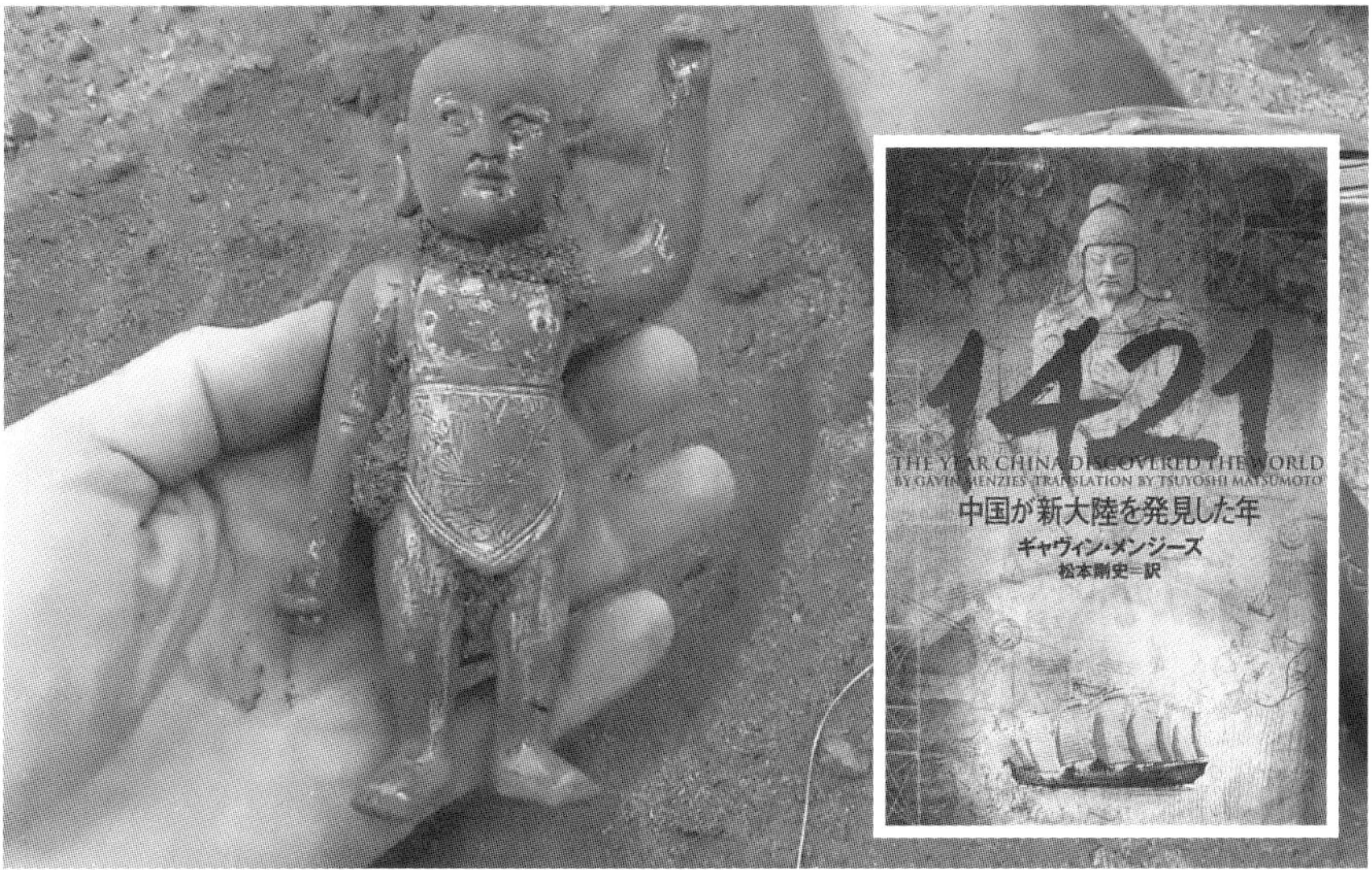


2019 年2月、豪西部の海岸で、鄭和の大航海があった明の時代の仏像が発見されたとのニュースがあった。もし本物ならオランダの探検家が初上陸した 1616 年の 200 年前に中国人が来ていたことになるが……。書影は『1421　中国が新大陸を発見した年』（ギャヴィン・メンジーズ著、松本剛史訳、ヴィレッジブックス刊）

た」と述べた。これはギャヴィン・メンジーズというイギリス人が書いた『１４２１　中国が新大陸を発見した年』という本の内容と同一だが、これは歴史的根拠のない「トンデモ本」である。

　中国共産党は、普通なら取るに足らないこうした材料さえも突破口にしてしまう。この胡錦濤の話に感銘したある上院議員は「胡主席の声明に同意して、**歴史を書き換えるべきだ**」とまで提案したから、中国としては大成功だった。いずれ「もともとオーストラリアは中国のものだった」と言い出す可能性もある。２００５年には駐豪大使の傅瑩《フーイン》が「オーストラリアは、中国の世界航海の地図に常に記されていた」と発言、２０１６年には元中国外交部幹部の李《り》肇星《ちょうせい》が「元朝時代に中国人探検家がオーストラリアを発見していた」などと述べている。

　強調されるのは、「交流」や「友好」ばかりではない。中国系移民が白豪主義の下で受けた差別の歴史は、中国共産党にとって格好の攻め口だ。ナイーブなオーストラリアの歴史家たちは、多様性を護持したいがために、躍起《やっき》になって拡散に加担している。

# アメリカを抜き去り、世界一の大国になる「一帯一路」戦略

日中関係は「一衣帯水《いちいたいすい》」と表現されてきた。「狭い川を挟んで隣り合う関係」の意味で、文化や文明の行き来もあった日中の歴史をも感じさせることから、特に日中友好条約が締結された1978年前後は、双方の政治家がこのフレーズをよく口にした。だがその美しい表現の裏で、中国はひたすらに経済成長と軍拡に励《はげ》み、今や日本の尖閣諸島を奪おうとしている。中国と隣り合っている怖さを教えているようだ。

同様に、中国共産党が近年掲げている「一帯一《いったいいち》路《ろ》」構想も、美辞麗句《びじれいく》の裏にある**本当の狙い**を見すえる必要がある。

「一帯一路」構想は2013年、習近平が提唱したもので、陸と海のルートがある。陸路はパキスタンへ向かうものと、中央アジアから西ヨーロッパやロシアに通じるもの、海路は南シナ海と東南アジアを通り、オーストラリアや南太平洋、中南米方面に向かうものと、インド洋からアラビア海、紅海、地中海を経てヨーロッパへ向かうものがある。これによりユーラシア大陸全域とアジア、アフリカ、オセアニアをネットワークで結び、かつて繁栄したシルクロードのように、各国と「ウィンウィン」の関係を築いて経済的利益を得る。それにより中国が**グローバル化の新たな段階**を開き、世界経済のリーダーになるという構想だ。

具体的には巨額のチャイナマネーを世界中に投資し、中国の資金、ビジネス、そして労働力を海外に送り、中国経済の拡大を継続する。最も強調されているのが、インフラの建設や獲得だ。これは鉄鋼その他の建築資材の中国国内の過剰な工業生産力を使い切るはけ口にもなる。他にも前述したエネルギーと食糧の中国本土への供給ルートの分散化のための買収も進めている。

2019年4月、北京での一帯一路国際会議の閉幕記者会見に臨む習近平。米国の強い反対を押し戻す形で、中国の広大なインフラ構築イニシアチブに参加するよう、より多くの国に呼びかけた。

写真：AP/アフロ

港湾、空港、鉄道、道路、エネルギーネットワーク、そして通信網など「ヒト・モノ・カネ」と情報が行き来する**要所を中国が押さえよう**というわけだ。

経済的なつながりを下地に、世界の隅々まで中国共産党の影響力を及ぼし、中国が「本来得るべき地位」を経済的支配によって達成しようとする。この地位回復こそが、習近平の言う「中国の夢」、つまり「中華民族の偉大なる復興」に当たるわけだが、その目的達成の重要な手段が「一帯一路」構想だ。

一発の銃弾も撃つことなく、カネを使って自国のイメージ通りの世界秩序を構築する。それが中国共産党の狙いだ。中国が創設したアジア・インフラ投資銀行（AIIB）を通じて低金利を売り文句に融資するが、**返済できないカネを貸す**ことで中国共産党は強みを得る。借金と引き換えに政治や外交の場面で中国の要求を呑《の》むよう迫るほか、港湾や空港などの重要拠点を借金のカタに巻き上げる。

経済が前面に出ているが、その裏の軍事的な覇権ももれなくついてくる。北京は一帯一路関連地域で中国の資産や国民を保護する名目の人民解放軍の海

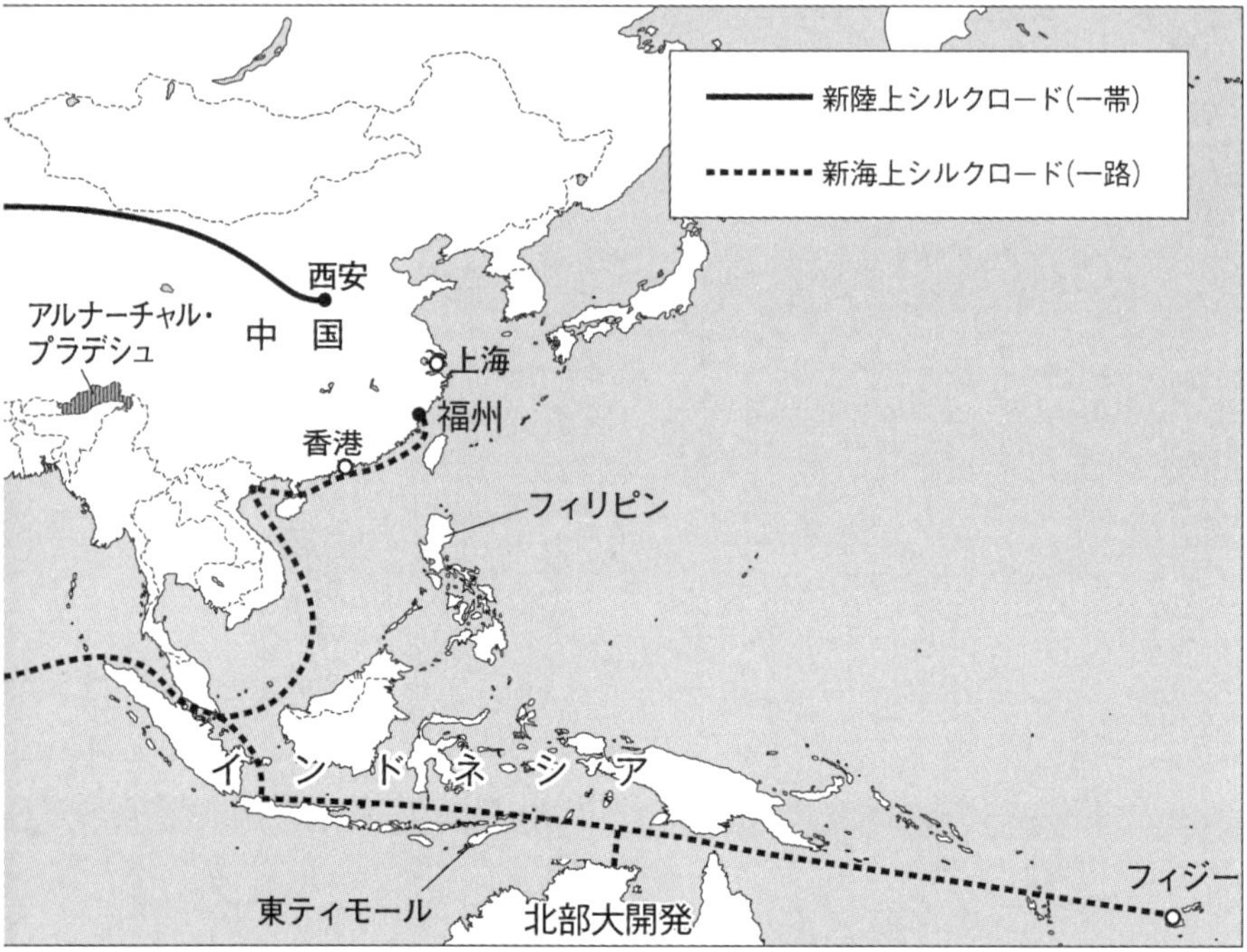


外派遣を実行に移しつつある。中国共産党の発想で「軍事と民事」「有事と平時」を分ける壁はない。中国共産党の唱える「軍民融合《ぐんみんゆうごう》」は先端科学の分野で注目されているが、実際には社会のあらゆる分野で「軍民は融合している」と考えた方が正確だ。

そんな実態を持つ「一帯一路」構想に、2019年現在で世界人口の三分の二以上を占める**60か国以上が調印**している。オーストラリアの例を前述した中国資本によるインフラ買収の例はフィリピンなど各国で起きている。

2017年の中国国営テレビの報道によれば、中国資本が所有する外国港湾の数は60にもなる。狙いは「一帯一路に沿って大規模な港をつなぎ、スムーズで安全、そして効率の良い海路の建設」である。

2016年、中国最大の造船企業、遠洋海運《えんようかいうん》集団（COSCO）が、ギリシャ最大のピレウス港を手に入れた。欧州最大のロッテルダム港をはじめ、アントワープ港、ゼーブルージュ港な

## 中国の一帯一路戦略

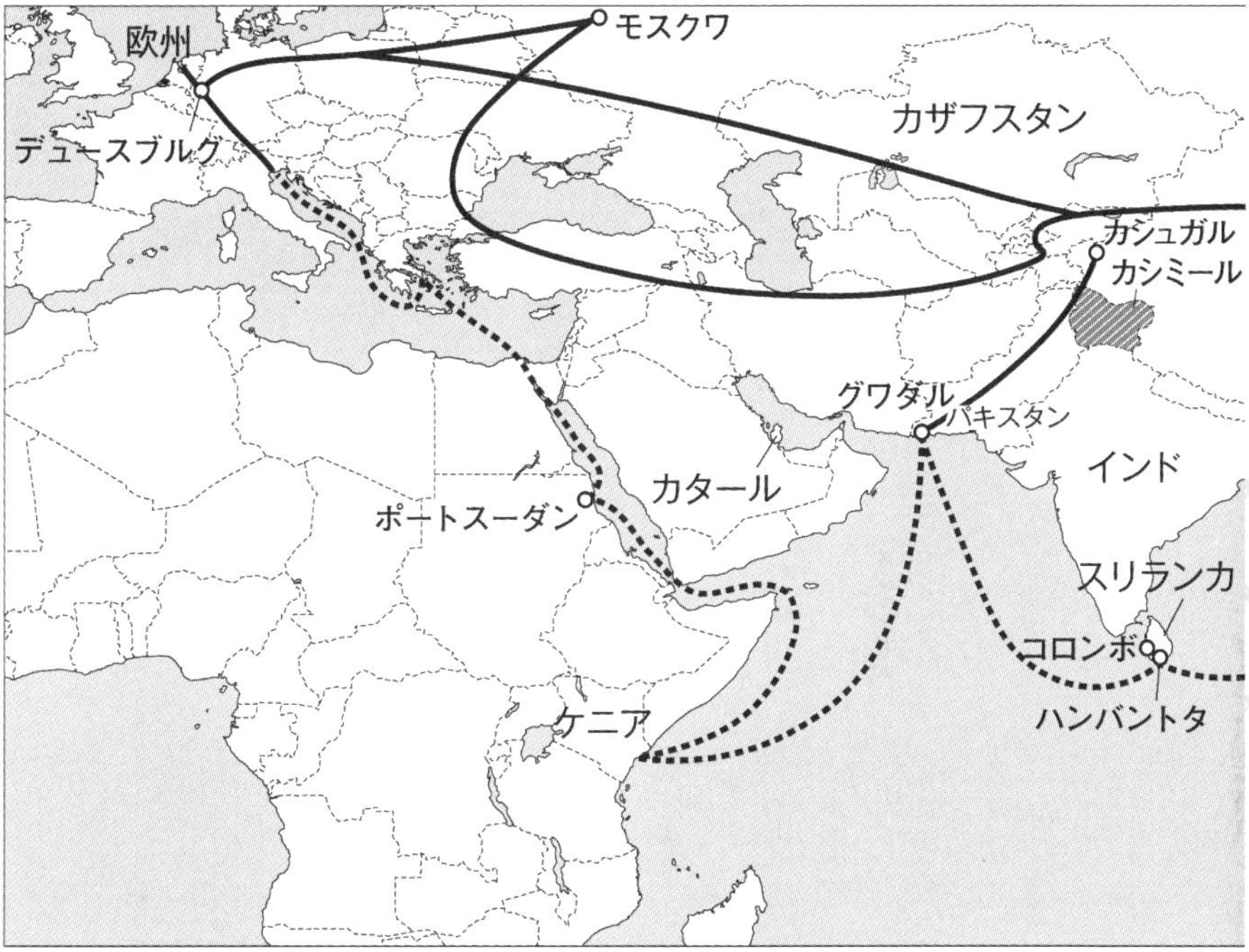


ども中国資本から逃れられない状況にある。

人民解放軍の元軍人である国防戦略家の喬良《きょうりょう》は一帯一路について「**中国がアメリカを超えるための手段**」だとはっきり述べている。2019年、マレーシアとの会合から漏《も》れた中国側文書には、一帯一路には「政治的な性質」があるが、大衆にはそれを**市場原理によって動かされたものと見せるよう**仕向けなければならない、と書かれていた。アメリカに反感を持つ、あるいはアメリカの投資を得られなかった国々に近づき、アメリカに対する反感につけ入り、「中国モデルこそ、これからの国際社会の基本になるべきものだ」と思い込ませる大きな狙いは、実現しつつある。

「一帯一路」の本当の目的は、「中国が作る新しい国際秩序が、第二次大戦後のアメリカ主導の秩序にとって代わる」ことだ。中国と「一帯一路でつながる」ことの怖さを知るべきだろう。

## 39 日本はどこまで「侵略」されているのか

オーストラリアで行われていることは、他の欧米諸国でも行われている。当然、日本で行われていないわけがない。

ハミルトンは「数千人もの中国共産党のエージェント」が日本国内、特に財界工作で活動していると警告する。安全保障問題では対中包囲戦略を打ち出していた安倍政権も、「一帯一路」には前向きだった。２０２０年の新型コロナウイルス禍でも、**中国人観光客や習近平の「国賓《こくひん》来日」への悪影響を恐れ**、中国との往来を遮断《しゃだん》する判断が遅れに遅れた。

「隣の国と仲良くできない人が、国際社会で生きていけるわけがない」と中国接近を続ける自民党・二《に》階俊博《かいとしひろ》幹事長を筆頭に、日本の政界には「親中派」が大勢存在する。実際に中国企業から違法な献金を受けて逮捕された議員もいる。

中国は日本に対して「かつて日本軍は中国大陸に攻め込んだ」という贖罪《しょくざい》意識を刺激する一方で、「一《いち》衣帯水《いたいすい》の隣国」といった長い日中関係の歴史を、友好カードのテコに使ってきた。

自民党の河野洋平官房長官（当時）は、中国に配慮するあまり悪天候で台湾に緊急着陸した飛行機から一歩も外に出なかった。

小沢一郎は、政治の師である田中角栄の路線を引き継いで親中姿勢を続け、「日米中等間隔外交」を打ち出し、２００９年に民主党が政権を獲ると、国会議員１４３名を含む総勢６００名以上の「大訪中団」を率いて中国詣《もう》でをした。鳩山由紀夫は首相在任中、「中国を慮《おもんぱか》って」靖国参拝を控えた。菅直人元首相は、かつて公開の場で「台湾独立」を否定したこともある筋金《すじがね》入りの親中派だ。

中国経済が巨大に成長すると、財界人はその市場に目がくらみ、中国びいきになった。中でも、民間

2019年4月24日、北京の人民大会堂で安倍首相の特使として訪れた二階俊博自民党幹事長と会見する習近平。二階幹事長は前項の一帯一路国際会議に出席し、「日中関係は良い方向に発展しつつある」と感想を述べた。
新華社／共同通信イメージズ

人でありながら中国全権大使を務めた丹羽宇一郎《にわういちろう》の存在は大きい。丹羽は伊藤忠商事社長として中国に深入りしたが、大使在任中に尖閣沖漁船衝突問題が起き、その後フジタの社員が中国で拘束された際、中国側に話し合いを申し入れ、拒絶された。「日中融和」姿勢は**こういう時に全く役に立たない**のだ。

他に、中国ビジネスに魅入《みい》られた実業家には、北京名誉市民賞を得たイオンの岡田卓也、「中国とのビジネスは戦時中の罪滅ぼし」と語るヤオハンの和田一夫、胡錦濤と14回も極秘会談を行ったトヨタの奥田碩《ひろし》など、枚挙《まいきょ》にいとまがない。経団連の中西宏明会長も、いまなお「中国との関係は重要。できる限り仲良くすべき」「中国は敵ではない」と主張する。

少子化に苦しむ大学など**教育機関も、中国マネーに支配**されている。現在、30万人以上いる日本の外国人留学生のうち、12万人以上が中国からの留学生だ。「交流」の名のもとに、中国の大学と共同研究を行う日本の大学も数多い。日本学術会議は「軍事研究反対」を主張しながら「軍民融合」が進む中国との交流はやめようとしない。これが日本の現実だ。

# 40 新型コロナウイルスで加速した「中国ひとり勝ち」

2019年11月、中国武漢で始まった新型コロナウイルスの流行は、数カ月で世界中に広がった。北京の動きは素早かった。2020年1月に習近平は武漢市をロックダウン。世界各地でマスクや個人防護器具などを買い集めて中国に送るよう号令をかけると、世界五大陸の中国系組織が動いた。米下院情報特別委員会での2019年の証言によれば、動員可能な団体はアメリカだけでも250を超えるという。

中国のメッセージアプリ、ウィチャットを活用したキャンペーンの規模、スピード、効果は並大抵でなく、事実上の工作活動だった。当時の菅義偉《すがよしひで》官房長官は、1月末の1週間だけで**9億枚のマスク**が（日本人も含む人々によって）日本国内で買い占められたと語っている。名古屋では3日間でマスク52万枚を買い上げ、カナダ・トロントの中国商業会議所のトップは北京から戻り会員に協力を求め、100人近くを買い占めに動員した。アルゼンチンの中国在外団体は、要請を受けて1週間以内に約2万5千枚のマスクを中国に送った。

中国政府の統計によれば、2月末までにはマスク20億枚を含む25億品、82億元（約1300億円）相当が中国本土に送り込まれた。以上は中国国営の新華社通信が誇らしげに報じたことだ。

日本中でマスクが消え、医療用マスクや防護器具も不足し、医療現場が深刻な事態になる中、香川県は人道支援としてマスク約2万7千枚を陝西《せんせい》省に送り、兵庫県もマスク約100万枚を友好提携する広東省と海南省に寄贈した。さらに東京都の小池知事が、備蓄していた防護服を中国に送った。

急場をしのいだ中国は、新型コロナに対する**独裁的だが明らかに効果的な対処を宣伝**しつつ、それに

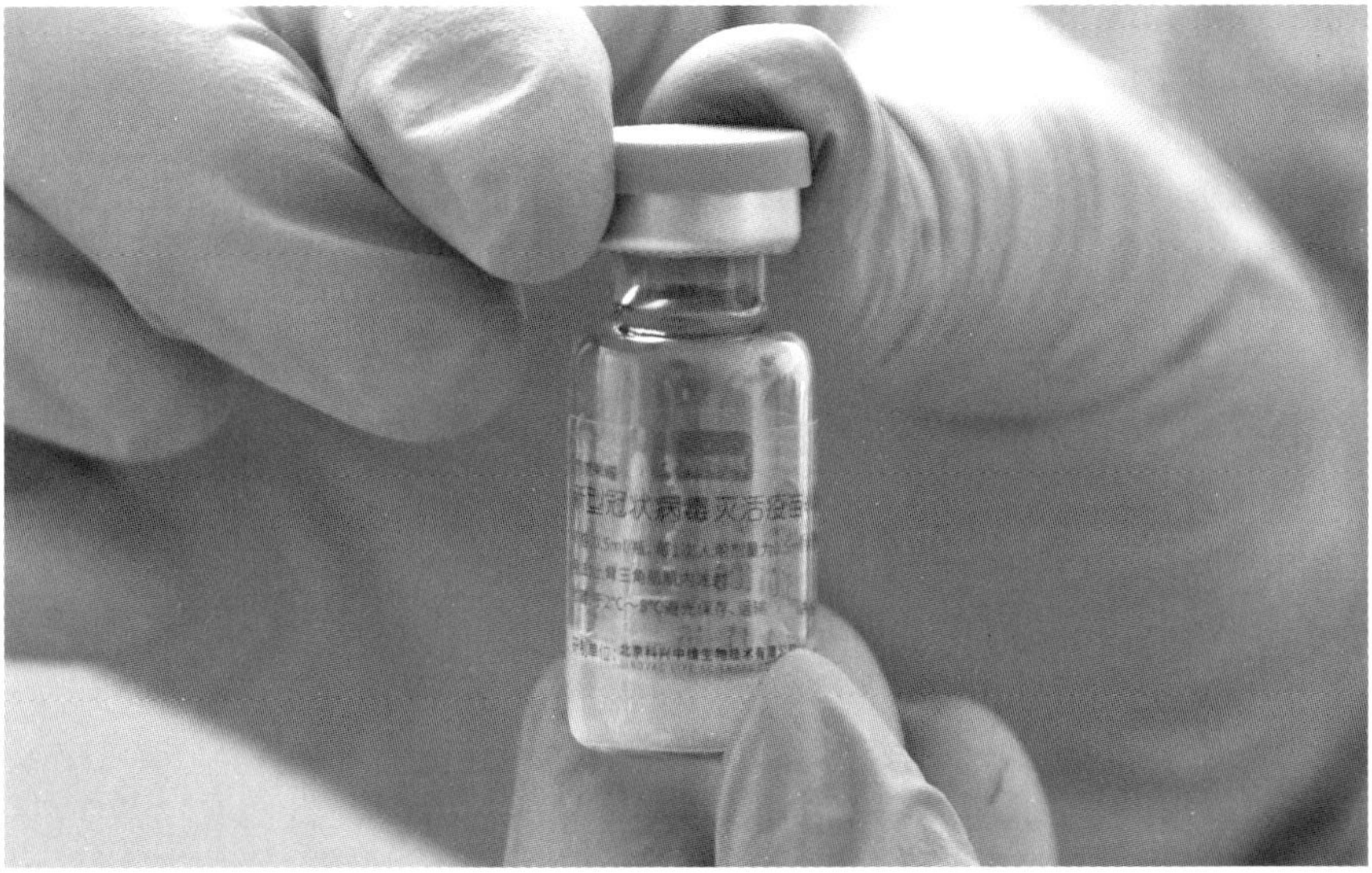

シノバックバイオテック（科興控股生物技術）が開発し、中国内外で接種が始まっている新型コロナウイルスワクチン。写真は中国東部山東省煙台市の保健所でワクチンの投与量を示す医療従事者（2021年1月5日撮影）。
写真：Featurechina/アフロ

比べてアメリカ政府が悲惨な対応しかできていないのを強調するようになった。3月に入り、中国国内に十分なマスクの備蓄を確認すると、世界にマスクを提供すると言い始め、日本にも100万枚を送ると発表した。「世界は中国に感謝せよ」というわけだ。**「マスク外交」**である。

世界の関心は次の**「ワクチン外交」**に移っている。王毅外相は2021年1月、ナイジェリア、コンゴ民主共和国、ボツワナ、タンザニア、セーシェルを公式訪問し、ワクチン提供と引きかえに、香港や台湾問題などへの「断固とした支持」を取りつけた。西側諸国と中国政府のどちらが、有効なワクチンを世界中に迅速に供給できるか。技術上優位に立つ西側諸国がワクチン外交で政治的に反撃できるか問われる。

北半球の西側諸国は感染者数の増加で再度のロックダウンに苦しむ一方、中国経済はV字回復を誇《ほこ》らしげに宣伝している。コロナ後の世界の**「中国ひとり勝ち」も見えてきた**。それは世界秩序を混乱と争いに導く「冬の時代」を私たちに告げるものだ。

# おわりに

オバマ政権の時代まで、アメリカは「中国を経済成長させれば、いずれ自由と民主主義を目指すようになり、共に豊かになる国際秩序形成に協力するだろう」と期待していた。

しかし、2008年のリーマンショックを見た中国共産党エリートは、金融危機はアメリカ一強を崩壊させ、「中国主導の世界秩序」が実現可能な時代が到来したと考えた。それまでの経済優先で平和的に台頭するという、鄧小平《とうしょうへい》以来の外交・安保方針を捨て、「中国はアメリカを追い越せる」との野心を隠《かく》さなくなった。

それでも当時の胡錦濤《こきんとう》政権までは、強国路線も共産党の序列最高位者の「合議制」で決められていた。しかし2013年以降の習近平政権は、相手を選び、弱いと見るや攻撃する対外戦術を取りつつ、次第に**個人独裁体制**を国内で固めていった。対外的にはコロナ禍で混乱する欧米のお粗末な状況を見透かすと、意図的・意欲的・野心的に、全世界を相手に**強硬な全面拡大路線**へとシフトした。

中国は19世紀から20世紀にかけて味わった植民地化の屈辱《くつじょく》を、アメリカの圧倒的な経済、政治、軍事力にとって代わることで、晴らそうとしている。習近平の台頭は、このような帝国主義的な解釈を好み、中国の世界支配を伝統的な「天下」という考えで正当化する人々に自信を与えた（「天下」は中国の皇帝によって支配され、皇帝を中心に回る世界イメージ）。この考え方は時代遅れではなく、中国人の選民意識に強くアピールするものだ。これらが習近平の「中国の夢」を後押ししたことで、「一帯一路」という莫大《ばくだい》な投資計画から、西洋に対する中国共産党の価値観の浸透、人民解放軍の急激な拡大、そして南シナ海の侵略的な併合にいたるまで、タカ派の攻勢が明白となった。

そこでトランプ政権になると、アメリカは中国を抑止する方向へと、対中姿勢の転換を強《し》いられた。そんな時期の2018年に出版されたのが、クライブ・ハミルトンの『Silent Invasion（目に見えぬ侵略）』だった。開かれた民主主義国家に、政治、経済、財界、メディア、大学や研究機関、移民など、あらゆる角度で中国共産党が浸透している実例の証拠をこれでもかと挙げて、警戒するよう訴えた。

同じ論調の研究論文や書籍も次々と刊行された。ニュージーランドのアン＝マリー・ブレイディ『Magic Weapons（魔法の武器）』。カナダのマイケル・マンソープ『Claws of the Panda（パンダの爪）』。さらに、クライブ・ハミルトンとマレイケ・オールバーグ共著で、NATO各国の事例を扱った『Hidden Hand（見えない手）』も出版された。

これらの研究で明らかになった重要な点がある。

中国びいきで、自国よりも中国の立場を代弁して擁護《ようご》する政治家や外交官、知識人を**パンダハガー（パンダに抱きつく人）という**。中国がどのように世界各国でパンダハガーを育て、コントロールしているかについて、それまで、西側社会は**ほとんど無知**だったのである。

2013年の「全国宣伝思想工作会議」で習近平が行った重要な演説がある。そこでは中国のイデオロギー圏を3つに分けた（本書の項目23の図を参照）。

①「赤」（中国共産党の拠点）
②「灰色、グレー」（中間地）
③「黒」（否定的な世論の〝敵対勢力〟圏）

これは見事な分類で、中国共産党員は敵と味方、そしてまだ「工作」が完了していない中間があるという認識で各国に対峙している。習近平は党に対して、「赤」の領域を保持しつつ「赤」に引きずり込むために「灰色」の領域に手を伸ばし、「黒」の領域と戦うよう指示した。

同じく、中国共産党は国際社会へのアプローチで外国人を「すでに党に共感している人々」、影響力工作の主なターゲットである「政治的中間者」、説得不可能な「強硬派」に分類している。先の「パンダハガー」は「赤」の領域。そして「灰色」領域の中間者たちを自由な開かれた社会の仕組みを悪用して、ジワジワと「パンダハガー」にしていく。この手口が『目に見えぬ侵略』や『見えない手』で詳しく解説されている。

たとえば日本の政治家や外交官は、はじめはニュートラルであっても、相手によく思われたいという心情につけこまれ、結局は取り込まれてしまっている。

その海外工作を担当しているのが、「**中国共産党中央統一戦線部**」という組織だ。これは中国国内だけでなく、世界各地の華僑や中国人コミュニティ、少数民族や宗教団体、政界・財界などへの影響力工作を担当する。目的は中国の利益拡大と正統性《レジティマシー》の宣伝だ。

この工作の実態を具体的に分析した報告書がある。まとめたアレックス・ジョスケは『目に見えぬ侵略』の調査協力者で、無党派の豪シンクタンク、オーストラリア戦略政策研究所所属だ。ジョスケによれば、もともと共産主義ソ連が行っていた工作をベースに、中央統一戦線部が受け継いだものを、最大限に強化していったのが習近平である。

報告書のポイントは、

- 共産党の意向に従わせる工作を実行するうちに、狙いが**次第にグローバル化**していった。
- 現在はさまざまな傘下組織を通じて、**91カ国で堂々と展開**されている。
- **数千の組織**に影響力を駆使して、情報の収集や技術移転の促進、反体制派の抑圧、中国当局が掲げる目標への支持集めを行っている。
- 民族、宗教についての業務、特にダライ・ラマに協力する国内外のチベット解放活動を抑え込む工作も行う。
- 海外での（台湾）平和統一工作では、非共産党員の幹部養成も職務である。
- その活動は一般に受け入れられている外交手段から、スパイ行為や極秘行動まで多岐にわたるため、開かれた社会がこれに対処することは難しい。「その結果、社会的結束の妨害や人種間の緊張増大、政策への影響、メディアの信頼低下、スパイ行為の促進《そくしん》や監視されていない状況下での技術移転の拡大などを招く」と報告書は指摘している。

オープンな経済を売りにする国家にとって、移民や留学生を「動員」されると、痛い弱点を突かれることになる。人種偏見や差別を許さないリベラルな社会では、違和感を抱《いだ》きながらもハッキリと指摘しづらい。工作の悪質さに気づいても、中国共産党はこれまで、「他国の問題には干渉しない」との立場を公式に示してきたため、法と公正をうたう国家ほど、表立っての告発が難しい。政治家が証拠をあげて広く国民に警鐘《けいしょう》を鳴らし、対処していく必要がある。

習近平は福建省で15年勤務している間、華僑工作に従事していたことがわかっている。つまり、統一戦線の専門家なのだ。２０１４年に統一戦線工作部の前任者をクビにして「大戦線」を提唱。翌年の会議で統一戦線工作を「法宝（マジック・ウェポン）」に指定。「主導小集団」を指導し、２０２０年10月の中国共産党第19期中央委員会第5回全体会議（五中全会）で統一戦線工作の大きな成長を強くアピール、中央委員会の方針に従わせるため、**習近平自身が担当すると宣言**した。

チベットでの統一戦線工作も習近平が指揮したとされ、その苛烈《かれつ》さで党内部の評価を上げ、権力基盤を固めていった。２０１９年11月、中国共産党のウイグル人政策の内部文書が流出した。米ワシントン・ポスト論説委員長が、新疆《しんきょう》ウイグル自治区での中国共産党の人権抑圧を「**今世紀最大の人道に対する罪**」と断定したほど過酷な実態が判明したが、この内部文書によって、**習近平の直接の指示**で行われていることが明らかになった。

人権弾圧がここまで明るみに出た以上、習近平が国際的リーダーとして尊敬されることは不可能と思われるが、わが国はまだ国賓《こくひん》として招待するのを諦《あきら》めていない。台湾や尖閣など「核心的利益」をめぐる衝突はもはや避けられず、中国と国境を接する日本のほうがアメリカより先に危機にさらされるだろう。最前線となる日本は、アメリカの中国政策の流れに続きながら、戦後封印されてきた主権を行使する以外に、残された道はない。